Robert Foit

VERTRIEBS
KARRIERE

Impressum:
©2020 Robert Foit
Verlag & Druck: Tredition GmbH, Halenreie 40-44, 22359 Hamburg
Layout & Buchsatz: Melanie Stadelbauer, www.myspiritdesign.net

ISBN: 978-3-347-00899-1 (Paperback)
ISBN: 978-3-347-00900-4 (Hardcover)
ISBN: 978-3-347-00901-1 (eBook)

Dieses Buch widme ich meiner Ehefrau,
meiner Tochter und
meiner Mama.

Ich liebe Euch!

Vielen Dank an meine Freunde, die mich bei dem Buch-Projekt unterstützt haben:

Melanie Stadelbauer, Christian Gera, Peter Foit, Michael Gospodorz, Peter Duda, Tomas Dyjas, Djamel Souici, Frank Wübben

Inhalt

VORWORT	6
DAS KOMMUNISTISCHE POLEN	7
DEUTSCHLAND	13
DIE SCHULZEIT	18
DER ERSTE JOB	24
BERLIN	29
DIE FLIEGEREI	32
CATERING	39
DER DIREKTVERTRIEB	43
DIE VERTRIEBSLEITUNG	66
KOMMUNIKATION	86
DER KONZERN	111
DAS PRIVATE GLÜCK	128

VORWORT

In einem großen, erfolgreichen Unternehmen als führender Mitarbeiter angekommen zu sein, die ganze Welt zu bereisen und dabei noch eine Menge Geld zu verdienen, ist etwas, was sich viele Menschen wünschen. Dass hier jedoch viel Arbeit dahintersteckt und man in der heutigen Zeit nichts mehr umsonst, geschweige denn geschenkt, bekommt und sich alles hart erarbeiten muss, vergessen mindestens ebenso viele Menschen.

Das Geheimrezept, wie man beruflich vorankommt und seinen Traum leben kann, ist letztendlich ganz einfach:

Love it – Change it - or Leave it!

Nach dieser Devise lebt Robert Foit, im kommunistischen Polen 1978 geboren und als Spätaussiedler in Deutschland aufgewachsen.

In diesem Buch zeigt er auf, wie er es mit Charme, Grips und viel Geschick geschafft hat, sich nach und nach immer weiter nach oben zu arbeiten, dabei auf Kosten der Firmen die Welt zu bereisen und die Unternehmen in denen er arbeitete, zu Marktführern in Ihrer Branche zu machen.
Dabei gewährt er dem Leser einen tiefen Einblick in sein Leben und erzählt bildhaft von einigen seiner einprägsamsten Reisen. Bewegend, bunt, überraschend und tiefsinnig nimmt er Dich mit auf seine Lebensreise durch alle Karrierestufen.

Tauche ein in die Welt einer Erfolgsgeschichte und lerne, wie Du Deine Karriere voranbringen kannst, ohne dich selbst dabei aus den Augen zu verlieren.
Robert macht es vor.

DAS KOMMUNISTISCHE POLEN

„Ha, hab ich dich endlich gefunden! Jetzt bist du fällig!", rief mein Bruder und grinste mich von oben herab an. Ich saß kauernd hinter unserem abgenutzten, aber heiß geliebten Sessel und hatte gehofft, die Schlacht gegen die mit Wasser gefüllten Antibiotikaspritzen meines Bruders zu gewinnen. Doch ehe ich mich versah, war er auf den Sessel geklettert, lehnte sich über die Lehne und grinste mich von oben herab siegessicher an. Und dann passierte es. Selbst heute, mehr als 30 Jahre später, kann ich mich noch genau daran erinnern, wie mein Bruder den Halt verlor und nach vorne auf mich kippte. Das herunterfallen allein wäre nicht so schlimm gewesen. Da wir als Lausbuben aber nicht auf unsere Mutter gehört, und uns heimlich die Kanülen auf die Spritzen gesteckt hatten, um den Wasserstrahl zu verstärken, war der Unfall vorprogrammiert.

Der Schmerz, der meinen kleinen kindlichen Körper durchfuhr, als die spitze Kanüle meine Augenlinse durchbohrte, lässt mich noch heute mit Gänsehaut erstarren. Nun denn, wir haben damals in Polen gelebt. Kommunistisch, arm und vor allem kein vernünftiges Sozialsystem.
Soll heißen: Wer kein Geld hatte, hatte auch keine Chance auf eine ordentliche Behandlung in einem guten Krankenhaus. Somit wäre mein Auge dazu verurteilt gewesen, entfernt und durch ein Glasauge ersetzt zu werden.
Zum Glück kannten meine Eltern aber jemanden, der jemanden kannte, der wiederum sehr gute Beziehungen hatte. Und so kam es, dass meine Mutter, anstatt mit uns zu schimpfen, unser ganzes Erspartes zusammen nahm, um dafür zu sorgen, dass mir von sehr guten Ärzten zwar die Linse herausoperiert, aber dafür das Auge an sich gerettet wurde. Ich sehe zwar bis heute auf diesem Auge nicht besonders gut und nehme die Welt nur wie durch ein Milchglas wahr, aber immerhin bin ich nicht blind.
Allerdings lag ich ca. ½ Jahr im Krankenhaus, was neben den hohen Kosten für meine Eltern auch für mich persönlich der pure Horror war.
Es wurden, warum auch immer, nur selten kurze Besuchszeiten erlaubt, so dass meine Mutter die Krankenschwestern jedes Mal mit Kaffee, Vodka oder Orangen bestechen musste, um mich überhaupt mal zu sehen. Das war einfach so üblich. An eine stationäre Mitaufnahme eines Elternteils, wie es heute völlig normal ist, war damals nicht ansatzweise zu denken.
Auch der Umgang mit Patienten war recht rabiat. Beispielsweise hat man abends einfach meine Hände ans Bett fixiert, damit ich mich nachts nicht am Auge kratze. Die Ärzte mussten auch wochenlang, jeden Tag eine Spritze in mein Auge setzen, so dass ich nach jeder dieser Behandlungen völlig traumatisiert, alleine in meinem Bett liegen musste. Es war damals so ziemlich die erste Operation, bei der die Augenlinse entfernt wurde. Gott sei Dank habe ich noch ein zwar ziemlich schlechtes, aber immerhin funktionierendes, zweites Auge.

Und den Ärzten ist es letztendlich zu verdanken, dass ich mit einer künstlichen harten Linse, die ich tagsüber einsetzen konnte, tatsächlich verhältnismäßig klar und weit sehen kann.

Da mir sowieso nichts anderes übrig geblieben ist, als diesen Umstand zu akzeptieren, habe ich mit meiner kindlichen Art versucht, in dem ganzen Übel die positive Seite zu sehen. Dank eines anderen Langzeitpatienten, schon etwas älter und für mich wie ein Opa, gelang mir das auch sehr gut.

Mein „Ersatzopa" hat mich damals in seine Obhut genommen und mir das Schachspielen beigebracht. Ich spielte rund um die Uhr und nach ein paar Monaten war ich, der 6jährige Knilch, im gesamten Krankenhauskomplex ungeschlagen. Meiner Mutter bin ich bis heute unendlich dankbar. Denn ohne diesen selbstlosen Einsatz wäre ein Lebenslauf, so wie Du ihn hier vor Dir liegen hast, nicht möglich gewesen.

Geboren bin ich an einem Sonntag im kalten November 1978 in Kattowitz in Polen. Mein Vater war, wie sehr viele Männer in Oberschlesien, ein Bergmann und arbeitete als Elektriker unter Tage – er war ein einfacher, ehrlicher und guter Mann. Meine Mutter, Bautechnikerin, stammte von den Masuren, aus Elbing um genauer zu sein. Sie hat meinen Vater im Urlaub kennengelernt, sich verliebt und ist seinetwegen nach Schlesien gezogen. Da beide ihren leiblichen Vater nicht kannten, hatten sie eine ziemlich schwere Kindheit, was sie sicherlich irgendwie zusammengeschweißt hat. Meine Mutter hatte mit ihrer witzigen und ehrgeizigen Art alles im Griff und war der eigentliche Kopf der Familie. Wir, das sind meine Eltern, mein zwei Jahre älterer Bruder und ich, haben in Rokitnica, einem Vorort von Zabrze, in einer Vierzig-Quadratmeter-Wohnung an einer viel befahrenen und lauten Hauptstraße gewohnt. Meine Erinnerung an die Kindheit lässt sich mit einem Wort beschreiben: GRAU.

Das kommunistische Land hat uns Polen stark geprägt und lässt vor allem die Generation meiner Eltern bis heute irgendwie seltsam erscheinen. Viele meiner Landsleute schämen sich für die Vergangenheit und Ihre Abstammung, obwohl sie nichts dafür können.

Erklären lässt sich so ein krankes System nicht wirklich. Es ist schwer für diejenigen, die das nicht selbst erlebt haben, zu verstehen. Trotzdem möchte ich es gerne versuchen: Es gab nichts in den Läden zu kaufen. Kein Klopapier, keine Streichhölzer, keinen Kaffee. Es gab keine Obst -und Gemüsetheken, keine Getränkemärkte, keine Baumärkte.

Obwohl es uns finanziell gut ging, hatten wir kein heißes Wasser und keine Heizung in dem Wohnblock. Wer es sich leisten konnte, heizte mit Kohle. Diese wurde vom Kohlekutscher direkt vor der Haustüre ausgekippt und hinterließ einen großen schwarzen runden Fleck vor den maroden Eingangstüren der Wohnblöcke. Es war der Job der Kinder, die Lieferung mit Eimern so schnell wie möglich in den Keller zu schleppen, bevor die sehr wertvolle Kohle nach und nach von anderen regelrecht geklaut wurde. Natürlich war es auch der Job der Kinder, die Kohle stets aus dem Keller in die Wohnung zu tragen um den Ofen, der in jedem Zimmer stand, am brennen zu halten. Wer sich die Kohle nicht leisten konnte, war in viele Schichten Kleidung eingehüllt, um nicht zu frieren. Für den Fall, dass mal wieder der Strom ausfiel, hatten alle Bewohner Öllampen vorbereitet und anstatt sich darüber aufzuregen, wurden einfach die Lampen angezündet. Dagegen unternehmen konnte man ohnehin nichts. Also hat man sich damit arrangiert. Um Wasser zu sparen, gab es einmal in der Woche einen großen Badetag in meiner Familie. Dafür wurde das Wasser in einem großen Kochtopf erhitzt und in die Badewanne gekippt. Erst waren wir Kinder dran, dann meine Mutter und zu guter Letzt dann mein Vater. Da die Lebensmittelversorgung knapp war, bekamen die Menschen Wertmarken für Lebensmittel. So wurde alles rationalisiert und jeder bekam seinen festen Anteil. Selbst die finanziell bessergestellten Familien konnten nicht einfach im Laden kaufen, was sie wollten, da es schlicht und einfach nichts gab, was man hätte kaufen können. Ich erinnere mich, wie ich unzählige Male in einer langen Schlange mit meiner Mutter vor Geschäften gewartet und mir mehrere Stunden lang die Zeit mit Spielen vertrieben habe, ohne zu wissen, was man am Ende tatsächlich erwerben konnte. Vielleicht Kaffee, vielleicht einige Orangen, oder wenn es das Schicksal so richtig gut mit uns meinte, vielleicht sogar einige Bananen. Leider meinte es das Schicksal nicht gut mit uns und wir mussten für sehr lange Zeit auf so etwas Wundervolles, wie eine Banane, verzichten. Ich kann mich allerdings daran erinnern, dass mein Vater eines Tages nach Hause kam, und eine riesengroße Überraschung angepriesen hat:

Er kam zurück vom Schwarzmarkt und schälte tatsächlich eine wunderbare, schöne, gelbe Banane.
Er hat Sie in kleine Stücke geschnitten und wir zelebrierten es, als wäre es das erste und letzte Mal auf dieser Welt gewesen. Damals war ich etwa 5 Jahre alt. Man war gezwungen alles irgendwie „zu besorgen" und um vernünftig überleben zu können, musste man einen kennen, der einen kennt. Die positive Kehrseite der Medaille war der ungeheure Zusammenhalt unter den Menschen. Alle haben sich stets geholfen. Dabei war es egal, ob man Freund, Nachbar oder Familie war. Wer Hilfe brauchte, hat sie bekommen. Man hat sich auch einfach so spontan besucht und teilweise auch spontan gefeiert, man verbrachte viel Zeit miteinander, und der überraschte Gastgeber hat, ohne sich darüber Gedanken zu machen, wie er die nächsten Tage überleben sollte, alles aufgetischt was er so da hatte.
Diese unbeschreibliche Gastfreundschaft und diese Hilfsbereitschaft habe ich in vergleichbarer Form nie wieder woanders, als bei den Polen beziehungsweise anderen Osteuropäern, erfahren. Zwischen all dem Elend gab es aber auch die kleinen Oasen in Form von Luxusläden.
Die hießen damals PEWEX und deren Warenangebot brachte nicht nur Kinderaugen zum Leuchten. Gegen harte Währung (D-Mark und Dollar) konnten dort

Westartikel wie Whiskey, Coca-Cola, LEGO Spielzeug, Parfüm, Haarspray oder Süßigkeiten wie Mars oder Raider (heute eher als TWIX bekannt) erworben werden.

Wie im gesamten Kommunismus ging es auch zuhause und in der Schule streng und diszipliniert zu. Habe ich meinem Vater gegenüber irgendwie aufgemuckt, oder war sonst wie frech, dann hat Vater mir den Arsch versohlt und ich habe lieber zugesehen, dass ich nicht mehr frech und aufbrausend war. In der Schule war es genauso. Da ich ein kleiner Teufel war und immer irgendeinen Blödsinn angestellt habe, hat die Lehrerin des Öfteren mal meine Handflächen mit dem Lineal bearbeitet, oder ich musste mich in die Ecke stellen und stehend dem Unterricht folgen. Davon haben meine Eltern aber nichts erfahren, sonst wäre der Nachschlag vorprogrammiert gewesen.

Die Häuser in Schlesien waren dreckig, die Straßen marode, die Luft verunreinigt, es gab keine intakten Spielplätze und nichts zu kaufen – und trotzdem hatten wir tatsächlich eine gute und fröhliche Kindheit. Da meine Eltern beide gearbeitet haben, waren mein Bruder und ich typische Schlüsselkinder. Was heute leider vielen Kindern verwehrt wird, war für uns früher ganz normal: den ganzen Tag an der frischen Luft auf Bäumen herumklettern, Fußball spielen, den Wald erkunden und das Viertel, in dem wir wohnten, unsicher machen!

Es hat keinen interessiert, was wir gemacht haben, solange wir keinen Mist verzapft hatten und pünktlich zum Abendbrot zuhause waren. Wir hatten also trotz der armen Verhältnisse, in denen wir zu leben gezwungen waren, eine echt schöne Kindheit, an die ich sehr gerne zurückdenke.

Da wir allerdings in einem kommunistischen System gefangen waren, und mein Vater von seinen Großeltern sehr traditionell und streng erzogen wurde, haben meine Eltern stets versucht, mit den richtigen Worten uns ehrlich und verständlich den Kommunismus näher zu bringen und zu erklären. Mein Vater erklärte uns, dass wir in dem System schwimmen müssen, nicht alles erzählen dürfen und auch des Öfteren mal schlucken müssen, um Schwierigkeiten zu vermeiden. Nichtsdestotrotz erklärte er uns auch stets die Schwachsinnigkeit der Partei und schon als Kind entwickelte ich eine Verachtung gegen dieses System, konnte es aber Dank der eindringlichen Erklärungen meines Vaters gut nach außen hin verbergen.

In der Schule haben wir gelernt, dass die Gemeinschaft alles und der Einzelne nichts ist, dass Kapitalismus schlecht sei, obwohl alle danach lechzten, und der große, rote, russische Bruder gut für uns ist. Mein Vater war sehr stolz und ist nie Mitglied der Partei geworden, was ihn um viele Privilegien gebracht hat. Er machte uns stets Mut, dass wir eines Tages ein besseres Leben in Deutschland führen würden.

Da unser Leben irgendwie trist und grau war, war die Ausreise nach Deutschland der einzige Hoffnungsschimmer für uns, an den wir allerdings letztendlich nie so richtig geglaubt haben. Es war schlicht nahezu unmöglich, eine Ausreisegenehmigung zu erhalten. Oberschlesien war früher deutsch und die Geschwister der Mutter meines Vaters sind nach Deutschland vertrieben worden. Ganz zum Schluss ist auch meine Oma, die Mutter meines Vaters, nach Deutschland ausgewandert.

Da mein Vater sich allerdings in meine Mutter verliebt hat, ist er in Oberschlesien geblieben. Er hat stets versucht eine Ausreisegenehmigung zu bekommen, diese allerdings nie erhalten. Und dann kam der große Wendepunkt in unserem Leben. Freudestrahlend saß mein Vater am Küchentisch und erklärte uns feierlich, dass wir Urlaub machen würden. Nach jahrelangem Kampf hatte es endlich geklappt und wir haben das Visum und die Genehmigung erhalten, für 2 Wochen Urlaub in Deutschland zu machen, um meine Oma zu besuchen.

Offensichtlich hatte mein Vater es geschafft, auch ohne in der Partei Mitglied zu sein, genügend Vertrauen zum Staat aufzubauen, so dass wir sogar als ganze Familie ausreisen durften. Das war damals alles andere als üblich. Da bekannt war, dass viele Menschen den Urlaub nutzten, um den Kommunismus zu entfliehen, durften Familien normalerweise nur getrennt nach Deutschland fahren. Zuerst ein Elternteil mit einem Kind, danach der Rest der Familie. Aber natürlich erst, wenn der erste Teil der Familie wieder zurück war. Mit dieser Methode sollte dafür gesorgt werden, dass die erste Hälfte der Familie wieder zurückkommt.

Allerdings war die Verzweiflung und Unzufriedenheit der Menschen so groß, dass viele Familien diese Spaltung in Kauf genommen haben.

Die Väter sind meistens zuerst gefahren um schon einmal damit anzufangen, Geld zu verdienen und ein Leben aufzubauen. Nach langem, oft mehrjährigem Kampf konnten die Frauen mit den Kindern nachreisen. Leider mussten dann nicht wenige Frauen feststellen, dass sich ihr Mann längst mit einer anderen Frau getröstet hat. Wir aber hatten, wie gesagt, das seltene Glück, für zwei Wochen als komplette Familie ausreisen zu dürfen.

Natürlich war uns sofort bewusst, dass wir nun endlich in das Land, in dem Milch und Honig fließen, einreisen und dieses nie wieder verlassen würden. Und wir hatten historisch bedingt gute Karten, die deutsche Staatsbürgerschaft zu erlangen. Meine Eltern waren sehr aufgeregt und haben heimlich alle Sachen verkauft und Pakete mit einigen Habseligkeiten zu meiner Oma geschickt.

Wir Kinder haben uns so gefreut als würden wir auf den Mond fliegen, bzw. in den Garten Eden ziehen. Das war tatsächlich unsere Vorstellung. Natürlich durften wir nichts unseren Freunden erzählen und uns auch von niemanden verabschieden. Das hätte nur unnötigen Verdacht erweckt.

Regierungsgegner wurden damals bereits auf den reinen Verdacht hin, fliehen zu wollen, inhaftiert. Und das galt es zu vermeiden. Wir wussten nie sicher, wer als Staatsagent bzw. Spitzel unser Feind war, und wer tatsächlich ein Freund gewesen ist.

Nun war es also endlich soweit, ich war damals 9 Jahre alt und ging in die 3. Klasse. Wir haben unseren kleinen Fiat 126 vollgepackt und gequetscht wie in einer Sardinenbüchse, sind wir eines Morgens einfach losgefahren. Wenn Du nicht weißt, wie dieses Auto, welches auch liebevoll Bambino genannt wurde, ausgesehen hat, dann mach Dir einmal den Spaß und suche ihn im Internet per Suchmaschine. Und dann stelle dir darin mal eine vierköpfige Familie samt halben Hausstand vor. Da wir völlig überladen waren, sind wir auch nur 500m weit gekommen bis die Stoßfedern versagt haben und unser Bambino im wahrsten Sinne des Wortes alle Vier von sich gestreckt hat. Meine Mutter, ohnehin ein Nervenbündel, erlitt einen Nervenzusammenbruch und hat nur geweint. Vater ist cool geblieben und hat irgendeinen Mann, der irgendeinen anderen Mann kannte, besucht, und die Stoßfedern noch in der gleichen Nacht ausgetauscht. Für die Weiterfahrt mussten wir uns dann allerdings von den schweren Sachen, wie zum Beispiel Mutters Nähmaschine (warum um Himmelswillen sie ihre Nähmaschine mitnehmen wollte frage ich mich bis heute) trennen. Mit etlichen Stunden Verzögerung ging es dann endlich los in Richtung Freiheit.

Nur Geld hatten wir nicht wirklich. Gerade einmal 100 Mark „Urlaubsgeld" standen zur Verfügung, da nach der Operation und meinem anschließend langen Krankenhausaufenthalt unser ganzes Erspartes aufgebraucht war. Wir haben aber nicht nur das triste Leben hinter uns gelassen.

Ich bewundere meine Eltern bis heute dafür, dass sie ohne Sprachkenntnisse oder einer leisen Vorahnung, wie es im Westen tatsächlich läuft, ihre für die damaligen Verhältnisse vernünftigen Jobs hinter sich gelassen haben, um meinem Bruder und mir eine bessere Zukunft zu ermöglichen.

Die meisten Spätaussiedler haben als erste Station entweder das Auffanglager Friedland oder Unna-Massen angesteuert. Da meine Oma in Massen, in dem Lager selbst, als Verwaltungsangestellte gearbeitet hat, haben wir natürlich Unna-Massen angepeilt. Bevor wir dort ankamen, wurden wir aber in der DDR noch um die Hälfte unseres eh schon mageren Urlaubsbudgets erleichtert. Während es in Polen niemanden interessiert hat, ob man angeschnallt war oder nicht, gab es in der DDR so etwas wie eine Gurtpflicht. Da die Polizisten darauf ausgerichtet waren, möglichst vielen Menschen möglichst viel Geld aus der Tasche zu ziehen, haben die Polizisten mit dem Fernglas die Autos ausgespäht und jeden angehalten, der in ihren Augen gegen irgendetwas verstoßen hatte. Und bei uns waren das die Gurte, die ohne ihren Dienst zu tun, sinnlos im Auto hingen.

DEUTSCHLAND

Da wir kein DDR-Geld hatten, woher auch, um die Strafe zu bezahlen und die beiden uns sehr bestimmend erklärt haben, dass sie keine Bank seien, wurden andere vorbeifahrende Polen angehalten. Wir hatten Glück im Unglück und fanden einen selbstlosen Fahrer, der unser Geld in DDR-Währung umgetauscht hat. 1 : 1 versteht sich, also mit einem ordentlichen Verlust für uns und einem ebenso ordentlichen Gewinn für ihn.

Nachdem wir also unsere Strafe gezahlt hatten, konnten wir mit nunmehr nur noch 50 Mark in der Tasche endlich weiterfahren. Wir mussten zwei Grenzen passieren, DDR und Deutschland, und wegen intensiver Kontrollen jeweils 6-7 Stunden warten, bis wir endlich weiterfahren konnten.

Nach insgesamt ca. 25 Stunden Reisezeit kamen wir völlig fertig in Deutschland an.

Aber nun haben wir endlich „das gelobte Land" betreten und es war genauso schön wie uns Menschen, die schon mal dort waren, berichtet haben. Die Straßen waren alle heile und ohne riesige Schlaglöcher. Wir fuhren auf einer sauberen, vernünftig geteerten Schnellstraße mit einer ordentlichen Fahrbahnmarkierung. Eine dreispurige Autobahn, was bereits ein tolles und unbeschreibliches Erlebnis war.

Alles war so schön grün, sauber und alle Häuser waren zu Ende gebaut. (In Polen hat man mehrere Jahre die Gebäude fertig gestellt, weil es keine Materialien gab). Die Luft war sauber, die Menschen waren alle so schön angezogen und auf den Autobahntoiletten gab es tatsächlich kostenloses Klopapier, was uns völlig umgehauen hat. Es gab auch so viele schöne Westautos auf den Straßen, eines schöner als das andere. Für uns das reinste Paradies und wir haben uns gefühlt, als wären wir vom Bettler zum König aufgestiegen. Übermüdet, aber dennoch voller Vorfreude, haben wir die Landesstelle Unna-Massen befahren und mein Vater hat als erstes vor so einem kleinen Lebensmittelladen geparkt. Ich werde diesen Augenblick tatsächlich nie vergessen. Es gab eine Obst- und Gemüsetheke und ich habe zum ersten Mal in meinem Leben Äpfel, Orangen, Bananen, Nektarinen, Pfirsiche und Melonen wunderschön und bunt und so gut riechend, nebeneinander angeordnet gesehen. Und das alles gleichzeitig und für jeden frei verfügbar.

Dann die ganzen bunten Süßigkeiten und Getränkedosen, und sogar Klopapier in allen Variationen. In diesem kleinen Laden merkten wir, dass wir am Ziel angekommen sind.

Wir hatten alle Tränen in den Augen, haben uns von allem etwas gekauft und es umgehend vor dem Laden genossen. Es war ein unglaubliches, tolles und besonderes Erlebnis für uns alle. Mein Vater hat völlig übermüdet, aber unheimlich glücklich, eine Zigarette geraucht, und wir sind ein paar hundert Meter weiter zu der Wohnung meiner Oma gefahren.

Sie lebte in einer sehr kleinen 2-Zimmer Wohnung und hat uns freundlich empfangen. Sie war klein, schmächtig hatte weiße Haare, roch nach 4711 Kölnisch Wasser und hatte ordentlich einen im Tee, was mein Bruder und ich irgendwie lustig fanden. Meine Eltern waren nicht begeistert davon und stellten ziemlich schnell fest, dass meine Oma ein ordentliches Alkoholproblemchen hatte.

Die Wohnung war jedenfalls deutlich zu klein für 5 Personen und so sind wir, von meiner Oma organisiert, in unsere Notunterkunft gefahren. Unna-Massen war wie ein Ghetto. Es gab sehr viele Blöcke und diese Blöcke hatten sehr viele Zimmer. Jede Flüchtlings- bzw. Spätaussiedlerfamilie bekam ein Zimmer in so einem Block. Unseres war ca. 12m² groß, hatte zwei Doppelbetten, einen Schrank, einen Tisch und zwei Stühle. Da es keine eigenen Bäder für die Zimmer gab, mussten Toiletten und Waschraum mit allen anderen Bewohnern geteilt werden.

Das Haus erinnerte sehr stark an eine Kaserne und selbst ich, aus meiner kindlichen Sicht, habe wahrgenommen, dass meine Eltern zu diesem Zeitpunkt am Gelingen ihres Vorhabens, in Deutschland sesshaft zu werden, gezweifelt haben. Neben meiner Oma wohnte auch ihre Schwester mit ihrem Mann, sprich meine Tante und Onkel, in Unna-Massen. Auch die Tante hat in der Flüchtlings- bzw. Spätaussiedlerverwaltung gearbeitet.

Die beiden waren natürlich sehr gut vernetzt und so konnten wir uns sehr schnell registrieren und den deutschen Pass beantragen. Dieser Vorgang hat, obwohl schon bevorzugt, ca. 2 Monate gedauert. Alle anderen waren wesentlich ärmer dran und haben zum Beispiel in einem Hallenbad, einer Sporthalle, beziehungsweise in Zelten auf die Aufnahme gewartet. Wir haben ein Begrüßungsgeld von 100 D-Mark pro Kopf erhalten und freuten uns wahnsinnig damit ein neues Leben aufbauen zu können.

Die Stimmung in Massen war irgendwie seltsam. Die Menschen waren voller Hoffnung, aber ich als Kind habe es sofort gemerkt, dass wir nicht willkommen waren und wie Abschaum auf die Deutschen wirkten. Mein Bruder und ich mussten noch ca. 1 Monat bis zu den Sommerferien in dem Flüchtlingsheim zur Schule gehen, was wir auch taten. In der Schulklasse ging es ziemlich multikulti zu, es gab Zigeuner, Russen, Tschechien, Rumänen, Bulgaren, ja und Polen natürlich auch. In einer Klasse waren ca. 100 Kinder und der Unterricht bestand daraus, dass uns Sozialarbeiter ständig die Sendung mit der Maus im Fernsehen auf Video gezeigt haben. Obwohl wir nichts, aber auch gar nichts verstanden und natürlich nichts gelernt haben, fanden wir das irgendwie lustig. Eines Tages bekamen wir zwei, für unsere Familie, sehr einschneidende Nachrichten. Da mein Bruder schon in Polen sehr begabt gewesen ist, sein Zeugnis wurde mit einer polnischen Flagge verziert, was nur den besten Schülern vorbehalten war und wohl auch weil er im Religionsunterricht dem Lehrer aufgefallen ist, kam eines Tages der Pfarrer mit meiner Oma zu unserem Zimmer und unterbreitete meinen Eltern den Vorschlag meinen Bruder in ein Internat mit Gymnasium in Büren aufzunehmen.

Auch ich bekam sozusagen das gleiche Angebot. Allerdings war das für meine Eltern keine Option, da ich nach meinem Augenunfall etwas gehandicapt war und die künstliche Kontaktlinse jeden Abend ausgekocht werden musste. Das Auskochen war eine besondere Prozedur, die ich mit meinen jungen Jahren noch nicht zuverlässig erledigen konnte. Es würde uns aber für meinen Bruder nichts kosten und er würde sogar ein Taschengeld bekommen.

Zu diesem Zeitpunkt war mein Bruder 11! Da es für meine Eltern das Ziel war, uns Kindern eine bessere Zukunft zu ermöglichen, hörte es sich tatsächlich sehr verlockend an und nach langem hin und her, haben meine Eltern zugestimmt. Die zweite Nachricht war, dass es ein Aufnahmeprogramm für Einwanderer gab, welches meinen Eltern ermöglichte ein Jahr lang die deutsche Sprache zu lernen. Hierfür gab es in Waldbröl, in der Nähe von Gummersbach, auch eine Siedlung für Aussiedler, in der Einbürgerungswillige für ein Jahr eine Wohnung sowie den Schulunterricht kostenlos bekommen haben.

Also haben wir meinen Bruder nach Büren in das Internat gebracht und sind daraufhin nach Waldbröl gefahren. Mein Bruder hat bei der Abfahrt unheimlich krampfartig geweint und meine Mutter genauso. Ich war auch fertig, aber doch sehr erleichtert bei meinen Eltern bleiben zu dürfen. Es hat meiner Mutter das Herz zerrissen, von einem Ihrer Söhne in einem fremden Land getrennt zu sein, aber ihr war sehr wohl bewusst, dass er dort die allerbeste Förderung bekommt. Dank meiner Oma und meiner Tante hatten wir eine kleine doppelstöckige Haushälfte als Notwohnung in Waldbröl mit einer Einrichtung aus Sperrmüll erhalten. Das war für uns das Beste was uns passieren konnte und wir hätten nie im Leben zu träumen gewagt, so etwas zu bekommen. Endlich keine Gemeinschaftsdusche mehr, sondern unser eigenes Haus.

Dennoch waren wir in einem Ghetto, in dem Grüppchenbildung normal war. Landsleute waren unter sich und mochten die Gruppen aus den anderen Ländern nicht. Vor allem Russen und Polen gingen sich aus dem Weg. Während ich die 4. Klasse einer Grundschule besucht habe, waren meine Eltern in der Schule für Erwachsene und haben die deutsche Sprache gelernt. Meine Eltern lernten Deutsch und ich zusätzlich durch die vielen Kinder noch russisch.

Der Unterricht war nicht besonders wertvoll, weil die Sozialarbeiter irgendwie die Zeit rumkriegen wollten. So habe ich in dieser Zeit auch nicht viel gelernt. Die Nachmittage verbrachte ich im Tagesinternat. Da ich das genauso gehasst habe, wie die Schule, habe ich beides öfters einmal geschwänzt um mit den anderen kleinen Gangstern irgendwelchen Blödsinn anzustellen.

Trotzdem muss ich im Nachhinein sagen, dass alles sehr gut organisiert war und uns auf das Leben in Deutschland vorbereitet hat. An jedem zweiten Wochenende haben wir meinen Bruder in Büren besucht. Der hat sich relativ schnell gefangen und konnte sehr schnell seine guten Leistungen in der Schule fortsetzen.

Mein Vater hat uns immer daran erinnert, dass es ein Privileg ist in Deutschland wohnen zu dürfen, dass wir immer nur deutsch sprechen sollten und dass wir stolz darauf sein dürfen, nun auch Deutsche zu sein. Wir trugen Kleider von der Caritas, meine Mutter hatte eine Putzstelle und aus dem Sperrmüll kamen immer mehr Möbel dazu, sodass wir zwar sehr arm waren, es uns aber den Umständen entsprechend gut ging.

Das waren die positiven Sachen, die negativen waren, dass wir überhaupt keinen Kontakt zu Deutschen hatten und auch schon mal beschimpft und schikaniert worden sind. Als Kind war ich zu dem Zeitpunkt sehr verängstigt, ich habe mich geschämt ein Pole zu sein und mich tatsächlich minderwertig gefühlt. Es ist schwierig zu beschreiben, weil wir ja die Hilfe des Staates erhalten haben, aber wir haben immer irgendwie gespürt, dass wir hier nicht wirklich willkommen waren.

Das eine Jahr in Waldbröl neigte sich dem Ende zu. Da mein Vater ein ausgebildeter Elektriker war, hat ihm das Arbeitsamt einen Job im Sauerland in Warstein organisiert. Er hat sich dort vorgestellt und ist für elektrische Montagearbeiten eingestellt worden. Der neue Arbeitgeber hat uns auch eine Wohnung gestellt, ziemlich abgelegen in der Nähe der Warsteiner Brauerei, gegenüber von „Villa Silvana", einem Puff.

Nachdem ich meine Freunde aus Polen, aus Unna-Massen und nun auch aus Waldbröl wieder verlassen musste, war ich auf das wohl endgültige Abenteuer sehr gespannt. Ich musste noch ungefähr zwei Monate in die Grundschule der vierten Klasse gehen. Weil wir kein Geld für den Bus hatten, hat meine Mutter mich jeden Morgen mit einem Fahrrad zur Schule gebracht.

In der Grundschule in Warstein gab es nur noch deutsche Kinder und ich habe mich mit meinen Caritas-Klamotten zu Tode geschämt. Ich bin sehr freundlich von allen, naja fast allen, empfangen worden. Aber die richtig coolen Jungs und Mädels wollten natürlich nichts mit mir zu tun haben, also habe ich mich den nicht so ganz coolen angeschlossen. Ich verstand irgendwie gar nichts und konnte immer noch viel besser russisch als deutsch. Meine schlechten Sprachkenntnisse sorgten dafür, dass ich ein miserables Zeugnis erhalten habe, mit der Empfehlung am besten zur Sonderschule, oder eventuell mit viel Glück zur Hauptschule zu wechseln. Obwohl ich in Polen das erste halbe Jahr der ersten Klasse wegen meines Augenunfalls verpasst habe, war ich dort sehr gut in der Schule gewesen. Auch wenn der Stoff viel schneller reingeprügelt wurde und alles wesentlich strenger war

Also hat sich meine Mutter über das Schulsystem informiert und ist mit mir und meiner Oma zur Realschule nach Warstein-Belecke gefahren und hat persönlich den Direktor angefleht, mir doch bitte eine Chance zu geben. (Dafür bin ich ihr bis heute dankbar) Der hatte einen guten Tag und hat mir die Aufnahme und sogar noch einen Deutschförderunterricht zugesagt. Er selbst hat natürlich nicht so wirklich an mich geglaubt, aber letztendlich war es ihm dann doch einen Versuch wert.

Da die Wohnung in Warstein sehr weit abgelegen der Stadt war, hat sich meine Mutter in Belecke nach Wohnungen umgesehen und tatsächlich eine bezahlbare, 60qm große, 3-Zimmer-Wohnung mit Balkon gefunden. Also sind wir nun zum vierten Mal innerhalb von anderthalb Jahren umgezogen und ich stand völlig verunsichert, eingeschüchtert und voller Panik vor der nächsten Schulklasse. Da aber mit dem Wechsel in die Realschule alle aus der Klasse neu angefangen haben, hatte ich etwas mehr Mut als bisher. Natürlich kannten sich dann doch fast alle untereinander und neben einer Türkin, einer Serbin und einer Italienerin war ich wieder der einzige Pole unter all den Deutschen.

DIE SCHULZEIT

In Belecke begann aber endlich eine gute Zeit für mich und meine Familie. Ich musste mich mittlerweile routiniert zum wiederholten Male anpassen, wurde aber sehr gut aufgenommen und konnte sehr viele Freunde gewinnen. Unter den vielen deutschen Freunden fand ich auch einige polnische Kinder, was mir viel Sicherheit gab. Durch den zusätzlichen Deutschförderunterricht habe ich nun sehr schnell und gut Deutsch gelernt und war Dank des Einzelunterrichts, zumindest rein grammatikalisch, genauso gut wie die Deutschen. Dem Lehrer, der hierfür freiwillig und mit großer Freude seine freien Nachmittage geopfert hat, bin ich bis heute dankbar.

Wenn es in Polen eine graue Zeit war, dann war das hier nach all dem Weg definitiv eine schöne und bunte Zeit, die ich endlich genießen konnte. Ich habe mich auch riesig gefreut, als mein zwei Jahre jüngerer Cousin, mit seinem kleinen Bruder, seinen Eltern und dessen Eltern auch nach Deutschland gekommen sind. Sie haben eine Zeit lang in der kleinen 3 Zimmer Wohnung bei uns gewohnt.
Mit 6 Erwachsenen und 3 Kindern war das alles herausfordernd und heutzutage für mich nicht mehr vorstellbar, aber damals völlig normal. Im Vergleich zu den anderen waren wir jedoch immer noch arm, was dazu führte, dass wir immer wieder mit rassistischen und abwertenden Beschimpfungen konfrontiert waren. Auch wenn ich diese Beschimpfungen schon gewohnt war, haben sie mich am Anfang doch noch sehr eingeschüchtert.
Mit der Zeit aber veränderte sich meine Einstellung dazu und so kam ich von Monat zu Monat und Jahr zu Jahr immer besser damit zurecht. Ich hörte immer die gleichen Witze über Polen und obwohl ich am Anfang richtig darunter gelitten habe, weil ich das alles sehr persönlich nahm, bin ich später in die Offensive gegangen und habe diese selbst erzählt; „Was sind drei Lügen in einem Satz über einen Polen? – Fährt ein ehrlicher Pole, in seinem Auto zur Arbeit".
Ich wurde immer selbstbewusster und habe sehr gute und tiefe Freundschaften geschlossen. Um mir meinen polnischen Akzent abzutrainieren, habe ich mich auf dem Kassettenrekorder aufgenommen und solange jedes Wort und alle Sätze gesprochen, bis ich endlich irgendwie Deutsch klang. Ich lernte unheimlich viel am Anfang und war stolz auf mich, als einige meiner Mitschüler zur siebten Klasse in die Hauptschule versetzt wurden oder sitzen geblieben sind und ich gut zurechtkam. Ich fühlte mich zum erstem Mal seit langem aufgenommen, bin so einigen Vereinen beigetreten und habe sehr viel Sport gemacht.

Ich habe Badminton, Fußball und Schach im Verein gespielt, später dann Taekwondo und Kick-Boxing, ich bin leidenschaftlich gerne Rennrad und Mountainbike gefahren und unsere Clique hat im Tanzverein getanzt. Ich hatte einen Freund, dessen Eltern am nahegelegenen Möhnesee einen Wohnwagen und ein Segelboot hatten. Also habe ich viele Wochenenden mit ihnen beim Segeln verbracht. Ein anderer Freund hat sich auch um mich gekümmert und mich in seine Familie aufgenommen. Ich habe sehr viel von Ihnen gelernt und mich immer mehr und mehr angepasst.

Ansonsten habe ich wie alle anderen Mac Gyver und Knight Raider geguckt, Amiga gespielt und viel Musik vom Kassettenrekorder oder einem Aldi-Walkman gehört. Mein Bruder war immer noch in dem Internat, war immer noch sehr gut in der Schule und besuchte uns jedes zweite Wochenende.

Unser Vater allerdings musste leider feststellen, dass die Elektrik unter Tage in einer Zeche etwas anderes war als das, was der Elektromonteurbetrieb und Fachgeschäft von ihm erwartet hatte und somit wurde ihm gekündigt. Allerdings fand er ziemlich schnell einen anderen Job in einer Schmiede in Belecke. Und ein bis zwei Jahre später sogar bei der ortsansässigen Brauerei in der Abfüllung. Die Arbeit war angenehm, er hat gutes Geld verdient und er war richtig glücklich. Die Tatsache bei einem Hersteller seines Lieblingsgetränkes zu arbeiten und der kostenlose Haustrunk von sechs Kästen im Monat trug natürlich auch einen großen Teil zum positiven Gefühl bei.

Meine Mutter hat, wie die meisten polnischen Mütter in Deutschland, viele Putzstellen angenommen, bis sie letztendlich bei einem Automobilzulieferer in Lippstadt einen Job am Fließband bekommen hat. Sie hasste den eintönigen Job, war Sie doch eine gut ausgebildete und intelligente Frau. In Polen hat sie in einem Architektenbüro gearbeitet und wurde sehr geschätzt. Aufgrund der schlechten Sprachkenntnisse und einfach auch anderer Richtlinien und Normen, hatte sie hier allerdings keine Chance.

Dank eines zinslosen Darlehens über 7000 D-Mark, konnten wir nach und nach die Möbel vom Sperrmüll gegen eine selbstgekaufte Einrichtung austauschen und uns finanziell stabilisieren. Ich verliebte mich in ein Mädchen aus einem wirklich guten Hause aus meiner Klasse und unserer Clique und kam mit Ihr zusammen. Die Eltern führten zwei Einzelhandelsgeschäfte und waren ziemlich traditionell. Ich glaube, zu dem damaligen Zeitpunkt haben sie nicht gerade Luftsprünge gemacht, dass Ihre Tochter mit einem wie mir zusammen war,. Aber sie haben es mich nie spüren lassen, waren unheimlich familiär und freundlich zu mir und nach einigen Anlaufschwierigkeiten fühlte ich mich wie in einem zweiten Zuhause bei Ihnen.

Als die Realschule zu Ende ging, habe ich bei einer Schulveranstaltung mitbekommen, dass man an der höheren Handelsschule in Soest ein Vollabitur mit wirtschaftlichem Schwerpunkt machen kann. Da meine Eltern so viel auf sich genommen haben um uns eine gute Zukunft zu ermöglichen und ich keine Ahnung hatte was ich sonst machen sollte, habe ich mich dort einfach mal so angemeldet und es versucht. Ich kam beim Abi gut zurecht und habe nebenbei die Partys für mich entdeckt. Nun fing irgendwie eine neue Zeit für mich an. Ich habe nebenbei sehr viel gearbeitet und hatte immer Geld, allerdings nur, um es auf Partys wieder sinnlos auszugeben und mir mein Auto zu finanzieren. Ich arbeitete im Packtrupp beim örtlichen Supermarkt. Wir haben zwei Mal die Woche abends die Ware in die Regale einge-räumt. Dann habe ich zusätzlich am Samstag an der Kasse in dem Getränkemarkt kassiert, ich habe beim Straßenbau Straßen geteert und an jedem Sonntagmorgen, eigentlich immer direkt von einer Party kommend, ca. 4-5 Stunden die Sonntags-zeitungen in der gesamten Stadt verteilt.

Mein Kickboxtrainer war selbstständig und hat immer irgendwelche Jobs am Bau angenommen, die keiner machen wollte. Ich war sein bester Mann und habe die Trupps immer geführt, weil ich, egal was zu tun war, immer zuverlässig, schnell und sehr genau war. Die Aufträge waren sehr speziell und ich habe es nie meinen Eltern oder sonst wem erzählt. Um nur ein Beispiel zu nennen:
Ein Villenbesitzer hatte seine Villa neben einer Felswand gebaut und im Nachhi-nein gemerkt, dass der Abstand zwischen Haus und Felswand doch zu klein war. Man konnte aber von oben keine Bagger einsetzen oder es einfach wegsprengen. Also haben wir uns von oben, mit Presslufthämmern bestückt, abgeseilt und die Felswand per Hand abgetragen.
Das hat richtig Geld in die Kasse gespült. Allerdings war es notwendig, des Öfteren die Schule dafür zu schwänzen. Ein weiterer beliebter Job war die Lackierhallen großer Produktionsbetriebe von innen zu reinigen. Mein Lieblingsnebenjob war jedoch der Partyservice bei dem renommiertesten Caterer in der Stadt.

Die Söhne des Geschäftsführers gehörten zu meinen Freuden. Meistens immer Freitag oder Samstagabend, nach dem Job im Getränkemarkt, gab es irgendein Me-gaevent. Am Anfang habe ich das Essen ausgefahren und später eines der Teams ge-führt. Das Ganze war sehr professionell und ich habe die Show immer sehr genos-sen. Mir ist bis heute schleierhaft wie das alles funktioniert hat, aber ich habe mir am Donnerstagabend in unserer Stammkneipe Cocomo in Warstein mit meinen Freuden ein paar Bierchen gegönnt, am Freitag waren wir (nach meinem Partyser-viceeinsatz) auf irgendeiner Abifete oder Disco, im Winter auf einer Karnevalsver-anstaltung und im Sommer auf irgendeinem Dorfschützenfest.
Nebenbei habe ich immer quasi rund um die Uhr gearbeitet um mir das alles leisten zu können. Ich bin davon überzeugt, dass der Grundstein für meine spätere Karie-re, meinen Erfolg und die innere positive Einstellung bereits hier schon, durch die Notwendigkeit mein eigenes Geld zu verdienen, geprägt wurde.

Ich habe bereits vor dem Berufsleben ziemlich schnell gelernt, dass, wenn man sich so richtig den Arsch aufreißt, alles möglich und nichts umsonst ist. Die Kehrseite war, dass ich leider immer mehr abgedriftet bin, immer mehr gefeiert und mich immer weniger um meine Freundin gekümmert hab.
Bereits zum Ende meiner Realschulzeit haben meine Eltern sich entschieden mei-nen Bruder aus dem Internat nach Hause zu holen. Nun mussten allerdings zwei

pubertierende Jungs, sich ein kleines Zimmer in einer kleinen Wohnung teilen und sind ständig aneinandergeraten. Aber auch das hat irgendwie funktioniert. Gott sei Dank hat mein Bruder nach seinem Zivildienst sein Medizinstudium in Bochum angefangen und so hatte ich mein Zimmer wieder für mich allein. Meine Eltern haben sich immer besser eingelebt. Mutter hat nach wie vor Ihren Job am Fließband gehasst, aber sie hat sich durchgebissen, weil es einfach unanständig war, nicht zu arbeiten.

Mein Vater wurde aus Warstein in die Tochterbrauerei nach Paderborn verlegt und machte sich ständig wegen allem Sorgen. Als nun trotzdem endlich, auch finanziell, für meine Eltern alles besser lief und sie sich die ersten Reisen leisten konnten, ist meine Mutter von einem Tag auf den anderen krank geworden und hatte brutale Bauchschmerzen.

Es war gerade Karnevalsonntag. Und einen Tag vor dem Rosenmontagszug gab es eine Jugendkarnevalssitzung zu der ich trotzdem ging, obwohl es schlecht um meine Mutter bestellt war.

Ich stand damals kurz vor dem Abi-Abschluss, war egoistisch und habe mich emotional ziemlich von meinen Eltern entfernt. Ich habe zwar noch zu Hause gewohnt, aber wie gesagt, mein eigenes Geld verdient, und einfach mein eigenes Ding gedreht und leider auch den Respekt vor meinen Eltern verloren.

Nun kam mein Vater zu der Veranstaltung, und hat mir gesagt, dass es Mutter schlecht geht und sie mich nochmals sehen möchte. Das Ganze war ziemlich theatralisch und ich habe kurz am Wagen mit Mutter gesprochen und mich dann entschieden mit meinem Cousin zum Krankenhaus nach Warstein zu fahren. Der Arzt hat uns mitgeteilt, dass es sich lediglich um einen ziemlich heftigen Gallenstein handelt und Mutter zwar operiert werden muss, aber definitiv außer Lebensgefahr sei. Wir sind also mit einem großen Schrecken davongekommen und sind dann einfach wieder zurück zu der Feier gefahren. Am späten Abend war mein Vater schon wieder bei der Feier, er kam gerade vom Krankenhaus und hatte seinen Haustürschlüssel vergessen. Er war sehr blass und ziemlich fertig. Ich übergab ihm meinen Schlüssel und habe mich wieder entschlossen weiter zu feiern.

Als ich dann um ca. 2 Uhr nachts nach Hause kam und wie verabredet klingelte machte keiner auf, obwohl ich die Lichter in der Küche sowie auf der anderen Seite im Wohnzimmer gesehen habe. Der Wohnblock hatte 3 Eingänge und jeweils 3 Etagen. Wir wohnten ganz oben in der dritten. Ich war voll und richtig sauer auf Vater, weil er anscheinend eingeschlafen war, also entschied ich mich die Balkone hochzuklettern und es über den Balkon zu versuchen. In der zweiten Etage bin ich ausgerutscht und auf das erste Geländer des ersten Balkons mit dem Brustkorb aufgeschlagen und habe mir dabei 3 Rippen geprellt. Das tat so richtig weh, betäubt durch den Alkohol jedoch habe ich einen zweiten Versuch unternommen und es dann letztendlich geschafft. In dem Wohnzimmer lief der Fernseher und alle Lichter waren an. Ich ging in das Schlafzimmer und sah die Füße meines Vaters neben dem Bett liegen.

Ich trat vor die Füße und sagte „steh auf du besoffener Penner" und war völlig wütend, dass er sich anscheinend so gehen ließ. Im Bad untersuchte ich meine Rippen und dachte mir, na klasse – Mutter wird morgen operiert, Vater ist voll, ich habe gebrochen Rippen und werde morgen einen Kater haben wie 10 Russen.

Ich ging zurück ins Schlafzimmer und wollte meinen Vater ins Bett legen. Erst da bemerkte ich, dass er sich in das Kleid von Meiner Mutter eingekauert hatte. Er lag auf der Seite und hielt es fest vor seiner Brust in seinen zu Fäusten geballten Händen. Instinktiv fasste ich ihn an um seinen Puls zu fühlen!

Da das Schlafzimmer sehr klein war, zog ich den leblosen Körper an den Füßen in den Flur, rief den Notarzt und begann sofort mit der Wiederbelebung. Erst, als dieser eingetroffen war, realisierte ich, dass mein Vater voller Sorge um meine Mutter allein und einsam von dieser Welt gegangen ist.

Wäre ich doch einfach nur mit ihm nach Hause gegangen, als er den Schlüssel abgeholt hat. Wäre ich doch einfach nicht so selbstsüchtig gewesen. Ich habe so geschrien und geweint, dass mich der ganze Block gehört hat. Es lässt sich nicht in Worte fassen wie schuldig und furchtbar ich mich da gefühlt habe. Erst die Polizei konnte mich beruhigen und der Sohn eines Bestattungsunternehmers (auch ein Kumpel von mir) hat meinen Vater dann letztendlich in einer Truhe mitgenommen. Mein Bruder kam sofort aus Bochum und wir haben meine Mutter am nächsten Tag im Krankenhaus mit Beruhigungsmitteln vollpumpen lassen bevor wir zu ihr gegangen sind. Als sie sagte „Kinder ich weiß Bescheid, ich werde sterben – seid nicht traurig – und wo ist eigentlich Vater?" erwiderte ich: „Mutter, mit Dir ist alles in Ordnung, Du hast lediglich Gallensteine, die gleich rausoperiert werden, aber Vater ist heute Nacht gestorben".

Vater ist im Alter von 45 Jahren an einem Herzinfarkt, nur 11 Monate nach seiner Mutter, meiner Oma, gestorben. Das hat mich sehr umgehauen, zumal ich mir große Vorwürfe gemacht habe.

Die Frage, ob ich es verhindern hätte können, nagte an mir. Ich habe mit meinem Bruder die Beerdigung organisiert und mich anschließend ausschließlich um unsere Mutter gekümmert.

Der Negativlauf nahm leider kein Ende. Knapp einen Monat nach der Beerdigung habe ich mit einem Bekannten Squash gespielt und der Ball ist blöderweise direkt in meinem linken, blinden Auge, welches sich sofort mit Blut gefüllt hat, gelandet. Ich musste sofort in die Augenklinik nach Dortmund und dort 3 Wochen liegen. Das war wohl wirklich nicht mein Jahr, zumal ich mitten in den Abi-Abschlussvorbereitungen gesteckt habe. Ich habe nur noch das Nötigste für die Schule getan und habe es, zwar als schlechtester Schüler mit einem miserablen Durchschnitt, aber trotzdem irgendwie geschafft, worauf ich in Anbetracht der Umstände wirklich stolz war. Ich habe das Abitur geschafft, ohne einmal sitzen geblieben zu sein, das hat mich wirklich beflügelt.

Da mich meine Schuldgefühle fertiggemacht haben und ich nur noch irgendwie funktioniert habe, bin ich zum Grab meines Vaters gefahren, habe mich mit Ihm ausgesprochen – besser gesagt, ich habe gesprochen und er hat zugehört.

Ich habe mich entschuldigt und für alles bedankt was er für uns getan hat und ihm versprochen, dass ich etwas aus meinem Leben machen werde. Das war für mich eine Art Selbsttherapie, und es hat mir zumindest ansatzweise geholfen, mit mir ins Reine zu kommen. Aber auch habe ich meinem Vater an diesen Tag versprochen, dass ich mich um seine Frau kümmern werde, allerdings kann ich nicht immer für sie da sein und auch ihr Leben musste ja irgendwie weitergehen.

Obwohl ich meinen Vater liebe, bin ich der Meinung, dass eine Frau Mitte Vierzig nicht alleine bleiben sollte und ich bin davon überzeugt, dass er es sich auch so gewünscht hätte. Meine Oma hatte zu Lebzeiten eine beste Freundin und diese hatte einen Sohn, der im gleichen Alter war wie meine Mutter. Dieser ist ebenfalls Witwer und lebt mit seinen Kindern im Ruhrgebiet, was ja gar nicht mal so weit weg ist von Warstein. Kurzentschlossen rief ich die beste Freundin meiner Oma an und arrangierte ein Treffen. Wir haben uns mehrmals alle zusammengetroffen und dann fingen die beiden an, die Wochenenden gemeinsam zu verbringen. Das hat mich unbeschreiblich für meine Mutter gefreut.

Sie sind nun beide glücklich und sind bis heute noch zusammen. Mission erledigt.

Nach dem Abitur wurde ich zur Bundeswehr eingezogen. Ich bin zwar auf dem linken Auge fast blind, aber da ich nicht genau wusste was ich sonst hätte machen sollen und weil ich es auch irgendwie tatsächlich als meine Pflicht angesehen habe, wollte ich zum Bund.

DER ERSTE JOB

Meine Grundausbildung hatte ich die ersten 3 Monate in Borken, die restlichen 7 Monate war ich in Wuppertal stationiert und nach allem was ich bisher erlebt habe, hatte ich absolut keine Probleme mich mal wieder anzupassen. Ich war beim Panzerflugabwehr-Raketen-Bataillon, wir haben sehr viel Krieg gespielt und unter anderem eine Woche lang an der Ostsee auf einen riesengroßen Sack, der von einem Flugzeug gezogen wurde geballert. Mir hat die Zeit auch, ehrlich gesagt, richtig Spaß gemacht. Wir haben sehr viel Sport getrieben aber auch viel gesoffen.

Ich war zu der Zeit immer noch mit der gleichen Freundin zusammen, mit der ich in der achten Klasse der Realschule zusammengekommen bin. Sie hatte mittlerweile eine Ausbildung in Düsseldorf begonnen, hatte dort eine kleine, schöne Wohnung und so verbrachten wir die meisten freien Wochenenden, und wenn möglich auch die Nächte unter der Woche, zusammen.

Ein aus der Türkei stammender Fahnenjunker aus meiner Einheit, der ebenfalls aus Düsseldorf kam, hat sich mit mir angefreundet und wenn wir nicht auf einer Übung waren, sind wir immer zusammen zum Dienst nach Wuppertal gefahren. Ich hätte nie gedacht, dass er später noch in meinem Leben meinen Arsch retten würde, dazu aber später mehr.

Die Bundeswehrzeit ging allmählich zu Ende und irgendwie habe ich es versäumt, mich um eine Ausbildung zu kümmern. Als ich allerdings mal wieder meine Mutter zu Hause besucht habe, und wir einkaufen waren, hat mich der Supermarktleiter, bei dem ich zuvor immer jahrelang nebenbei gearbeitet habe gefragt, ob ich nicht Lust hätte bei Ihm eine verkürzte Ausbildung zu machen.

Ich würde im Konzern an einem Jungunternehmerprogramm teilnehmen und hätte nach zwei Jahren die Ausbildung in der Tasche und könnte, wenn alles gut läuft ein paar Jahre später selbst einen Laden führen. Ich könnte auch im Rahmen der Ausbildung sein Stellvertreter sein und mit 20 Jahren stellvertretend so einen Laden leiten. Lebensmitteleinzelhandel ist so sexy wie eine Feinrippunterhose. Auf der anderen Seite hatte ich absolut keine Lust mehr aufs Studium und mein Abi war ja bekanntlich nicht das Beste. Ich kannte den Chef sowie das Geschäft und immerhin war es ein großer Lebensmittelkonzern, also stimmte ich einfach zu.

Meine Abifreunde haben entweder studiert oder sicherlich viel interessanter klingelnde Programme bzw. Ausbildungen bei viel interessanteren Unternehmen angefangen. Ich dagegen musste an meinem ersten Tag Obst und Gemüse und die Molkereiprodukte in die Regale einräumen.

Andererseits war ich von Anfang an ständig an der Seite meines Chefs und habe den ganzen Ablauf umgehend gelernt. Und zwar wirklich alles, wie die Kalkulation der Produkte, die Finanzierung und Buchhaltung so eines Geschäftes, die Personaleinsatzplanung, den komplizierten Bestellungsprozess, weil man ja nicht zu wenig und auch nicht zu viel bestellen konnte. Und letztendlich auch Personalführung und die Kassenabschlüsse.

Mein Chef hat mir zu 100% vertraut und ich durfte schon nach einem halben Jahr den Laden mit allen Prozessen auf-, und später mit allen Kassenabrechnungen abschließen, sowie meinen Chef dann auch komplett, als er im Urlaub war, vertreten. Der Preis dafür war allerdings auch sehr hoch, weil ich rund um die Uhr geackert habe. Das war auch vom Konzern verlangt, und sowohl mein Chef als auch die Bezirksleiter machten deutlich, dass man zu regulären Arbeitsstunden entweder den ganzen Tag an der Kasse sitzen kann, oder aber Verantwortung übernehmen darf, dafür aber auch außergewöhnliches leisten musste.

Ich musste jeden Freitag, da das der umsatzstärkste Tag war, um 05.00 Uhr anfangen und ging nie vor 22.00 Uhr nach dem Packtrupp nach Hause, um nur ein Beispiel zu nennen. Natürlich fühlte ich mich auch ausgebeutet, aber ich war malochen gewohnt, denn von Nichts kommt ja schließlich Nichts und der Ehrgeiz und die Lust auf die Verantwortung war einfach größer.

Bei der Ausbildung habe ich auch mal so richtig wahrgenommen, dass ich wohl gar nicht mal so schlecht aussehe und habe die Frauenwelt für mich entdeckt. Ich trennte mich nach 6 Jahren Beziehung von meiner Jugendliebe und tobte mich mal so richtig aus.

Der Konzern bot neben den ganzen Produktschulungen sehr gute Seminare zur Selbsterkenntnis- und Entwicklung an, mit dem Ziel letztendlich Menschen zu führen und die Geschäfte umsatzstark zu leiten. In der Zeit entstanden zwei Vorbilder für mich. Zum einen die Außendienstler, die uns in Ihren schicken Firmenautos und schönen Anzügen besuchten und immer einen lockeren Spruch auf den Lippen hatten, und zum anderen war ich völlig begeistert von den Unternehmensberatern und Coaches, die uns geschult haben.

Mir war absolut klar, dass ich eines Tages entweder ein Vertriebler oder ein Unternehmensberater sein würde. Die Grundlagen der Jungunternehmerausbildung haben sich bis heute tief in mir verankert und ich finde, dass bereits Kinder in der Schule sich mit den folgenden Themen beschäftigen sollten:

„SERVICE" zum Beispiel ist im heutigen Wettbewerb, bei dem die Preise und Produkte immer gleicher werden, das wichtigste Mittel zur Kundenbindung. Der Service ist ausschlaggebend, ob ein Unternehmen die Kunden behält oder nicht. Es gibt den materiellen Service wie Sauberkeit, Qualität und Informationen, den wir sehen, wahrnehmen und auch vergleichen können, sowie den persönlichen Service. Der materielle Service ist leicht kopierbar, der persönliche jedoch nicht. Dieser hängt tatsächlich von dem einzelnen Menschen ab.

Jeder Mensch und Mitarbeiter ist auf seine Art ein Servicenehmer und ein Servicegeber ganz gleich in welcher Branche oder Tätigkeit. Leider werden die Werkzeuge und Grundlagen in den Schulen und auch vielen Betrieben schlicht und einfach nicht gelehrt und sind den meisten Menschen tatsächlich einfach unbekannt. Um jedoch persönlichen Service bieten zu können, muss der Mensch zunächst die Werkzeuge und Grundlagen hierfür verstehen. Einige wesentliche Erfahrungen die ich gesammelt bzw. in Büchern gelesen, oder bei einen der zahlreichen Seminaren, die ich auf eigene Initiative, weil es mich einfach interessiert hat, gelernt habe, möchte ich immer wieder in meinen einzelnen Lebensabschnitten in dem Buch beschreiben.

Die Grundlage, um einen guten Service bieten zu können, ist, dass der Mensch ausgeglichen, mit sich selbst im Reinen und letztendlich auch einfach nur zufrieden in seinem Job ist. Wir sind alle individuell, und es muss jeder für sich selbst entscheiden was ihn sowohl beruflich als auch privat zufrieden stellt.

Alles was ich beruflich gelernt habe ist auch auf das Private zu übertragen und das Schöne in Deutschland ist, und das hat mein Leben bisher bewiesen, dass wir den Rahmen für ein tolles Leben definitiv haben. Wir müssen nur etwas dafür TUN, ohne extreme Fähigkeiten besitzen zu müssen. Bei vielen Menschen ist es allerdings so, dass sie gar nicht wissen was sie wollen.

Sie wissen lediglich, dass sie „NOCH MEHR" wollen, ohne „MEHR" definieren zu können. In der Regel handelt es sich um materielle Dinge wie eine größere Wohnung, eigenes Haus, größeres Auto einer noch besseren Marke usw. Sie beschäftigen sich aber einfach nicht damit, was sie wirklich wollen und was ihnen wirklich eine Befriedigung gibt und schwimmen einfach so, getrieben von Zufällen, mit dem Strom.

Mit Partnerschaften verhält es sich ähnlich. Ich kenne viele Paare, die in tiefstem Inneren miteinander unzufrieden sind und aus Gewohnheit zusammen nebeneinander her leben. Man muss aber ein festes Ziel vor Augen haben, und ich habe gelernt, dass dieses Ziel SMART sein sollte.

Also spezifisch, messbar, angemessen, relevant und terminiert. Ich persönlich habe mein Ziel damals allerdings wie folgt definiert. „Ich will nach der Ausbildung die Welt sehen und danach mittelfristig zunächst als Außendienstmitarbeiter mein Geld verdienen, um dann langfristig mit den gesammelten Erfahrungen als selbständiger, finanziell unabhängiger, Unternehmensberater mich selbst verwirklichen." Wie bereits erwähnt ist es wichtig, dass man versteht, wie wir Menschen so ticken, kommunizieren und funktionieren.

Ich lernte, dass das menschliche Gehirn wie ein Tonbandgerät funktioniert und der Mensch durch seine Eltern, Familie, Freunde und Erfahrungen seit seiner Geburt geprägt wird. Dieses Tonbandgerät spielt Prozesse ab, wenn es bestimmte Impulse auffängt, und wir Menschen zwar nur einen winzig kleinen Teil der Gehirnmaschinerie nutzen, allerdings ab einem bestimmten Alter selbst dafür verantwortlich sind das Gerät zu bespielen.

Es gibt Drei Tonbandkategorien:

1.   Das KINDHEITS BAND: mit glücklichen und negativen Gefühlen und Spontanität.

2.   Das ERWACHSENEN BAND: mit sachlicher Argumentation und kritischer Analyse.

3.   Das ELTERN BAND: mit Geboten, Verboten und Normen.

Unabhängig vom Alter trägt jeder Mensch alle 3 Kategorien in sich und sie beeinflussen das ganze Leben lang unser Verhalten und unsere Persönlichkeit. Ich war in der Ausbildung mit 20 Jahren sehr jung, musste aber die Damen, die teilweise nicht nur meine Mutter, sondern auch meine Oma sein könnten, führen.
Das meiste habe ich instinktiv gemacht und wir hatten ein sehr harmonisches Team. Ich war ein einfacher Junge, der sehr ehrgeizig aber auch voller Humor war. Die Geschichte mit dem Tonbandgerät hat mir zusätzlich geholfen, vernünftig zu kommunizieren.
 Die Psychologie spricht hier von der Transaktionsanalyse. Zunächst haben wir das KIND-ICH. Es reagiert gefühlsmäßig, mit all den Impulsen und Gefühlen, wie ein tatsächlich kleines Kind.
Es gibt das angepasste Kind, welches das tut, was die Eltern sagen; den kleinen Professor, der sehr kreativ und manipulativ ist, und das natürliche Kind, das spontan, undiszipliniert und impulsiv ist.
Dann gibt es das ERWACHSENEN-ICH. Es sind Fakten und Tatsachen aus der Umwelt sowie reife und reflektierende Teile unserer Persönlichkeit. Die Aussagen und Handlungen sind analytisch durchdacht. Es speichert Informationen, berechnet Wahrscheinlichkeiten, bewertet Tatsachen, vor allem aber behandelt und löst es Probleme logisch.
Deshalb ist und wirkt man auch kühl und konzentriert sich ausschließlich auf Fakten. Und abschließend sprechen wir von dem ELTERN-ICH. Es gibt die kontrollierenden und autoritären, sowie die helfenden und liebevollen Eltern. Wir haben das Verhalten der Eltern und anderer Erzieher in uns gespeichert. z.B. „benimm Dich vernünftig, „das gehört sich nicht", Warte, Papa hilft Dir".
Allein dieses Prinzip zu verstehen, hat mir sowohl privat als auch beruflich unheimlich viel geholfen. Beruflich zum Beispiel, weil die Damen in Extremsituationen entweder in das ELTERN-ICH oder viel häufiger sogar in das KIND-ICH gesprungen sind, während ich dann im ERWACHSENEN-ICH einfach sachlich blieb.

Natürlich ist das Verhalten immer abhängig von der Situation und dem Gegen-über, aber die Tatsache die Werkzeuge zu kennen, ist bereits die halbe Miete. Die wichtigste Lektion für mich selbst war es jedoch, zu verstehen, dass ich durch mein Verhalten und positives Denken mein Tonband selbst bespielen kann.

Nur ich selbst, und sonst keiner, kann bestimmen, ob ich ein Gewinner oder Ver-lierer sein möchte. Ich habe darauf geachtet, dass ich eine positive Gewinner-Spra-che benutze, eine positive Einstellung zum Leben habe und positives und sicheres Auftreten an den Tag lege.

BERLIN

Dann habe ich auch begriffen, dass ich nie die anderen Menschen, sondern immer nur mich selbst verändern kann und symbolisch hat sich das Bild des Zeigefingers in mein Gedächtnis gebrannt, welches deutlich macht:
Wenn der Zeigefinger auf andere Menschen zeigt, schließlich drei andere Finger auf mich selbst zeigen.
Die Ausbildung ging allmählich zu Ende und ich war voller Tatendrang, hatte aber echt keine Lust mehr morgens das Obst- und Gemüse einzuräumen.
Obwohl ich zu dem Zeitpunkt eine hübsche, kroatisch-stämmige Freundin hatte, in die ich wirklich verliebt war, habe ich mir ziemlich spontan überlegt mein erstes Ziel zu erfüllen und die Welt zu bereisen. Ich finde Warstein-Belecke super, aber ich musste einfach raus aus dem verträumten Örtchen, wo doch sehr viele Menschen im Sommer ihre Befriedigung im Schützenfest und im Winter im Karneval gefunden haben.
Da ich ja unter anderem auch sehr viel Gastronomieerfahrung hatte, habe ich mich auf allen Kreuzfahrtschiffen und Fluggesellschaften als Steward beworben. Blöderweise endete die Ausbildung, und ich hatte immer noch keine Zusage auf einem Schiff, geschweige denn einem Flugzeug.
Ich hätte in irgendeinem Lebensmittelladen arbeiten können, und später sicherlich so einen auch führen, aber wie schon gesagt, war das nichts mehr für mich, obwohl ich dort so viel gelernt habe. Und ich hatte einfach Bock auf die Welt!
Also packte ich schließlich einfach meine Tasche, verabschiedete mich von meiner lieben Freundin und meiner Mutter auf unbestimmte Zeit, und bin zunächst mit dem Zug in unsere Hauptstadt gefahren, ohne auch nur im Geringesten einen Plan zu haben, was ich denn dort eigentlich wollte. Ach übrigens hatte ich auch keinen Führerschein mehr, da ich sechs Monate zuvor völlig besoffen einen kleinen Autounfall hatte, weil ich mit ein paar Mädels nach einer Winterfeier noch zu einer Kneipe auf ein letztes Bierchen fahren wollte und die Polizei blöderweise direkt hinter mir war. Um es kurz zu machen, diese dämliche Aktion hat mich insgesamt zwei Jahre Führerscheinabstinenz und ungefähr 10.000 EUR inklusive Medizinisch-Psychologischer-Untersuchung und so einiger "Sitzungen gekostet.

Ein Tipp an den Leser aus tiefstem Herzen: Wenn Du trinkst, fahre besser nicht! In Berlin angekommen, nur mit einer großen, roten Umhängetasche um die Schultern, habe ich mich Richtung Prenzlauer Berg orientiert.
Es gibt dort ein Corner Hostel, und da es die günstigste Unterbringung für die Nacht geboten hat, zumindest von den Jugendherbergen, die ich vorher abtelefoniert habe, war das nun meine erste Anlaufstätte. Berlin war in dem Sommer herrlich warm, grün blühend und so richtig schön groß.
Der Stadtteil an sich hat mich an eine polnische Großstadt erinnert, und ich fühlte mich sofort heimisch, wohl und irgendwie so richtig unbeschreiblich frei. Im Hostel

angekommen habe ich mit den zwei sehr netten Inhaberinnen und dem Mitarbeiter zunächst ein paar Bierchen getrunken und mich in meinem Acht-Mann-Zimmer auf einem der Doppelbetten, auf unbestimmte Zeit, einquartiert.

Der eben erwähnte Mitarbeiter war groß, stämmig, tätowiert, hatte eine Glatze, war so um die vierzig und sah richtig gefährlich aus. War im Kern aber ein richtig lieber Kerl, der als Modedesigner und Künstler sich im Hostel ein paar Euros dazuverdiente, einfach so, weil's ihm Spaß machte, Menschen aus der ganzen Welt zu treffen und ihnen alles über Berlin zu erklären.

Ich erzählte ihm, dass ich die Welt bereisen will, aber gar keinen so richtigen Plan habe. Meine grobe Idee war es, mich als Student in Berlin anzumelden, um sozialversichert zu sein, und dann einfach mal durch Europa zu trampen, hier und da zu arbeiten und am liebsten wollte ich irgendwie mit einem Containerschiff aus Rotterdam nach Australien.

„Dann mach das mal – aber schau Dir doch vorher mal das schöne Berlin an und lass es locker angehen…" Und genau das tat ich. Er hat mich mit einem anderen befreundeten Künstler zur Biermeile in Berlin mitgenommen. Wir haben die Biere aller Welt ausprobiert, und die beiden haben mir von ihrem Leben in der DDR als Künstler berichtet. Der andere Kerl war um die Fünfzig und irgendwie so richtig entspannt. Die beiden hatten nicht sonderlich viel Geld aber wirkten so glücklich und mit sich selbst im Reinen. Das hat mir imponiert. Der befreundete Künstler ist als Holzpuppenspieler durch ganz Afrika gezogen und hat die Menschen mit Hilfe des Puppenspiels über AIDS aufgeklärt. Die Gruppe war von der Bundesregierung gefördert worden. Bei einem anderen Projekt hat er die afrikanischen Menschen über die Nachteile der Mädchenbeschneidung informiert und versucht einen Umdenkprozess in Gang zu setzen.

Er war völlig selbstlos, monatelang unterwegs, einfach weil er anderen Menschen, denen es schlechter ging als uns, helfen wollte. Ich fand es völlig beeindruckend und inspirierend. Durch die beiden habe ich bewusst über das Leben und das Glücklich-Sein nachgedacht und mich damit auseinandergesetzt.

Wir haben uns von nun an sehr oft getroffen und bei so einigen Flaschen Rotwein über das Leben philosophiert. Nebenbei habe ich sehr viele Menschen aus allen Ländern der Welt getroffen, weil die meistens so für zwei bis drei Tage in meinem Acht-Mann-Zimmer ein- und ausgingen. Alleine über diese Geschichten, Menschen und Inspirationen werde ich eines Tages noch ein anderes Buch schreiben.

Die Zeit war einfach so befreiend herrlich und ich genoss sie in vollen Zügen. Ich wünsche jedem jungen Menschen so eine Erfahrung, weil ich fest daran glaube, dass das am prägendsten von allen ist.

Man muss einfach nur den Mut haben etwas ungeplant zu machen und es einfach nur tun. Die Kehrseite, und auch diese Erfahrung gehört einfach zum Leben dazu, kam, als ich nach ca. zwei Monaten, was mir wie zwanzig Jahre vorkam, nicht nur des Öfteren mein Bewusstsein erweiterte, sondern leider auch mein ganzes Geld ausgegeben hatte.

Ich versuchte mich in alle Arten von Jobs, und war sogar kurz davor Samen zu spenden und viel schlimmer noch, tatsächlich als Pornodarsteller zu arbeiten. Ich bin als Komparse die Straße zig Mal mit ein paar anderen auf und ab gegangen und ein Kollege hat mich einfach mal zum Casting mitgenommen.
Gott sei Dank haben wir uns falsch verstanden und sie suchten einen schwulen Darsteller. Sonst würde wohl von mir irgendwo ein Video kursieren, weil ich damals mit 21 Jahren zu allem entschlossen war, und die Produzenten richtig gut bezahlt haben und wirklich hübsche Darstellerinnen hatten.

Kurz: Ich habe es nicht gemacht. Nun, ich war pleite und gerade als ich zum ersten Mal mein ganzes Vorhaben in Frage gestellt habe und mein Abschiedsbier mit meinem Künstlerfreund trank, klingelte mein Handy:

„Guten Tag Herr Foit, sie haben sich vor langer Zeit als Flugbegleiter bei uns beworben. Wenn Sie immer noch Interesse haben und spontan sind, dann sind sie dabei". Also wenn ich eins war, dann definitiv spontan! „Wenn Sie es schaffen am Freitag um zehn Uhr, also übermorgen in Düsseldorf am Flughafen in der LTU-Halle 8 zu sein und den Einstellungstest bestehen, dann können sie sofort nächste Woche Montag den Kurs beginnen, und dann vier Wochen später auf Langstrecke weltweit fliegen. Uns ist jemand abgesprungen und wir haben eine Stelle frei."
„Ich freue mich Sie am Freitag zu treffen!" antwortete ich sofort ohne zu überlegen.
In der Nacht habe ich mich von Berlin und all meinen neu gewonnen Freunden gebührend verabschiedet und bin am nächsten Abend mit einem riesigen Kater von meinem letzten Geld mit dem ICE über Nacht nach Düsseldorf gefahren.

DIE FLIEGEREI

Am Flughafen angekommen, bin ich zu Fuß mit meiner riesengroßen roten Umhängetasche, in der mein ganzes Hab und Gut steckte, zu der besagten Halle 8 gegangen. Um 10.00 Uhr empfingen mich eine hübsche Dame in Uniform und ein fein geschniegelter Trainingsleiter mir den Worten:

„Was hast Du denn mit der Tasche vor, willst Du hier einziehen?" Ich erklärte ihnen, dass ich gerade aus Berlin gekommen bin und die Aktion ja nun sehr spontan abgelaufen ist, ich aber unbedingt fliegen wolle.

„Wir müssen eines klarstellen, wir haben nun doch 5 Bewerber, allerdings nur die eine Stelle. Warum sollten wir gerade dich nehmen?". In meinem jugendlichen Leichtsinn bin ich fest davon ausgegangen, dass die mich anscheinend nur aufgrund meiner Bewerbungsunterlagen nehmen und ich den Job bereits hätte. Nun musste ich mich aber doch noch so richtig verkaufen.

Und genau das habe ich getan und die Rede meines Lebens gehalten. Ich habe Ihnen von meinem Leben bisher erzählt und wie und wo ich bereits gekellnert habe, meiner Vorstellung von Dienstleistung & Service und meiner Zeit in Berlin. Die beiden waren sichtlich gepackt.

Die Matheaufgaben hätte ich bereits nach der Grundschule lösen können und da ich Englisch im Leistungskurs hatte, zudem noch fließend Polnisch sprach und gute Französischkenntnisse hatte, war der Rest nur Formsache. Blöderweise habe ich mich überhaupt nicht mit den Flugzeugherstellern, den Flugrouten, Zielen und Sicherheitseinrichtungen auseinandergesetzt, aber da ich den beiden sympathisch war und sowieso einen Lauf hatte, antwortete ich einfach:

„Ich will die Kiste nicht selbst fliegen, ich will einfach nur kellnern und dabei die Welt besichtigen".

Ich hatte den Job! Wahnsinn, dachte ich. Und dann auch noch LTU mit all seinen weltweiten Urlaubszielen. Jackpot!

Allerdings hatte ich nur noch 30 DM in der Tasche und alle Konten waren leer.

Ich ging zu Fuß in Richtung Flughafenbahnhof und war einerseits der glücklichste Mensch auf Erden, auf der anderen Seite sprach ich selbst zu mir „wo wirst Du jetzt schlafen? Wie kommst Du an Geld, um bis zum ersten Lohn irgendwie zu überleben? Ach Du Scheiße, was mache ich denn jetzt?"

Da ging plötzlich neben mir ein Taxi in die Eisen, so dass ich mich richtig erschrocken habe, die Frontscheibe ging runter und ich hörte nur „Adamcik, bist Du es?!" Es war wirklich in dem Augenblick wie ein Wunder Gottes. Mein alter, türkischer Bundeswehrkamerad, der Fahnenjunker, fuhr Taxi und hat mich sofort erkannt.

Ich heiße mit meinem Zweitnamen Adam und da ihm Robert nicht türkisch genug war, hat er mich einfach immer Adamcik genannt.

„Was zum Teufel machst Du hier?" Also erzählte ich ihm während der Fahrt zur Jugendherberge meine Geschichte und dass ich ab Montag Flugbegleiter sein werde, allerdings nun völlig pleite bin und nicht weiß wo ich schlafen soll.

„Adamcik wird Saftschubser, was für´n geiler Typ! Und was für´ne geile Geschichte. Adamcik hör´ mir zu, ich habe seit gestern eine neue Wohnung. Ich muss die übers Wochenende renovieren und etwas einrichten, aber ab Montag kannst Du bei mir pennen so lange wie Du willst. Dafür machst Du mir ein paar Stewardessen klar, ok?"

„Danke Dir mein Freund. Ich stehe in Deiner Schuld und werde Dir das nie vergessen! Das ist alles so krass, ich schreibe eines Tages ein Buch über all das, dann werde ich dich lobend erwähnen".

Die Nacht von Freitag auf Samstag war ja nun in der Jugendherberge in Oberkassel direkt am Rhein hinter der Rheinkniebrücke gesichert, aber ich hatte nicht einen Cent übrig und musste noch irgendwie 2 Nächte überbrücken. Also rief ich meine Jugendliebe an, von der ich mich vor ca. einem Jahr getrennt habe und flehte sie an, mich aufzunehmen. Ihr neuer Freund, der an dem Wochenende nicht da war, hat sich nicht gerade vor Freude überschlagen, aber sie nahm mich letztendlich auf und hat mir damit den Arsch gerettet. Wahre Freunde erkennt man wirklich nur in absoluten Notsituationen, wenn sie umgehend und selbstlos sofort bereit sind zu helfen, ohne auf das Umfeld zu achten.

Ich rief viele andere „Freunde" aus der Bundeswehrzeit an, und so einigen von denen habe ich früher so manch einen Gefallen getan, aber letztendlich haben mir nur mein türkischer Freund und meine Ex-Freundin tatsächlich geholfen. Am Montag fing der vierwöchige Kurs an. Ich war mit meinen einundzwanzig Jahren mit Abstand der Jüngste und das Küken unter den vielen Mädels und drei anderen Typen. Natürlich war es so, dass zwei von den dreien anders orientiert waren und so ziemlich alle Klischees erfüllt haben, aber ich kam super mit ihnen aus. Der dritte war ein Spanier und ein absoluter Macho, weswegen er auch als „nicht teamfähig" eingestuft wurde und der Kurs somit sehr schnell für Ihn zu Ende war.

Wir haben so einige Kommunikationstrainings und Teambildungsaktivitäten durchgeführt sowie alles über die BOING 757 / 767 und den Airbus 320 / 330 gelernt. Hauptsächlich ging es um die Türen, denn anhand der Tür, an der man sitzt, werden die Aufgaben für die Flugbegleiter verteilt.

Da in erster Linie die Flugbegleiter eigentlich ja Sicherheitspersonen sind, haben wir natürlich auch die Evakuierung im Notfall mit all den Kommandos, die man schreien muss, sowie das richtige Rutschen geübt, haben im Trainingscamp echte Feuer gelöscht, waren im Schwimmbad und haben das Verhalten in den Rettungsinseln trainiert und uns alle Flugzeuge genau angeschaut.

Mir hat es alles viel Spaß gemacht, aber unter fast 20 Mädels fingen natürlich auch unausweichlich die Zickereien an, während ich persönlich nahezu mit allen sehr gut zurechtkam. Zumal während der Ausbildung es so einige nicht gepackt haben und ich meinen Traum, die Welt zu sehen, nicht so kurz vor dem Ziel gefährden wollte. Wir haben jeden Tag einen Test geschrieben, bei dem das am Tag zuvor Gelernte abgefragt wurde. Und das war für mich schon eine ziemliche Herausforderung, weil ich ja überhaupt kein Zuhause hatte.

Die ersten zwei Wochen habe ich bei meinem türkischen Kameraden gewohnt, der mich immer Adamcik nannte. Was ich nicht wusste war die Tatsache, dass die Wohnung nur aus einer kleinen Wohnküche und einem Schlafzimmer bestand und seine Freundin auch bei ihm lebte.

Sie haben diese gerade zusammen bezogen und für die ersten Tage hat sich die Freundin sicherlich etwas anderes als einen weiteren Untermieter gewünscht, aber es stand für meinen Freund einfach nicht zur Diskussion. Wir haben immer zusammen gekocht und fast jeden Abend kamen auch seine Kumpels auf ein Pokerründchen bis tief in die Nacht vorbei. Für mich war es sehr anstrengend, auf der anderen Seite auch richtig schön familiär und stets feucht-fröhlich. Ich hätte auch ein Jahr dort bleiben können, aber ich wollte der Freundin auch mal ihren Freund für sich alleine lassen.

Da ich aber nach wie vor kein Geld hatte, bin ich bis zum Schluss der Ausbildung zum Studentenwohnheim nach Bochum in ein kleines Zimmer zu meinem Bruder gezogen. Blöderweise hatte er kein zweites Bett also schlief ich die nächsten zwei Wochen einfach auf dem Boden.

Ich habe die Endprüfung bestanden und musste nur noch zum medizinischen Test. Alle anderen haben den Test ja vorher schon gehabt, da bei mir alles so spontan ging, stand dieser Teil der Aufnahmeprüfung noch vor mir. Ich hatte völlig vergessen, dass ich ja eigentlich auf dem linken Auge blind bin und bekam einen Schock als ich zum Augentest musste, weil ich mich jetzt erst damit auseinandergesetzt habe, dass man als Steward zwei gesunde Augen braucht.

Ich trug zwar immer meine künstliche Kontaktlinse, aber mit der konnte ich nur zu 100% in der Ferne sehen, jedoch nicht in der Nähe. Die Helferin hat meine Augen untersucht und festgestellt, dass ich eine künstliche Linse trage. Sie war nun völlig durcheinander, was sie denn nun machen solle, weil ich theoretisch nicht zugelassen werden könnte. Auf dem Bogen bemerkte ich, dass man ankreuzen konnte: „Der Mitarbeiter kann mit Sehhilfen zu 100% sehen", also habe ich meinen traurigsten Dackelblick aufgeschmissen und ihr erklärt, dass meine Existenz davon abhängt und eigentlich hätte ich ja vorher geprüft werden müssen. Wenn ich Ihr ein Attest besorgen könnte, das genau das beweist, dann wäre ich doch eigentlich von den Papieren her sauber. Sie ließ sich darauf ein und ich bin umgehend zu einem Augenarzt gefahren.

Unter dem Vorwand, für einen Segelschein einen Nachweis zu benötigen, dass meine Sehkraft mit Sehhilfe 100% betrug, bat ich ihn um das entsprechende Attest. Der Augenarzt hat das alles irgendwie nicht so richtig verstanden, aber letztendlich ging es ja nur um so ein blödes Segelboot. Also was soll´s, dachte er sich und stellte mir genau so einen Schein aus. Dieser Trick hat mich wirklich viele Nerven gekostet, aber er hat wunderbar funktioniert und ich konnte tatsächlich für ein Jahr, bis zur nächsten medizinischen Hauptuntersuchung, fliegen!

Ein Tipp an alle: Niemals aufgeben, auch wenn die Situationen manchmal noch so aussichtslos erscheinen.

Immer wenn irgendetwas gut lief, musste ich das Glück natürlich zu sehr überstrapazieren. Mein Bruder ist in meiner letzten Ausbildungswoche mit seiner Freundin in den Urlaub gefahren. Das war für mich wie ein Segen, weil ich nach all der Zeit nun endlich wenigstens für eine Woche ein Zimmer in dem Studentenwohnheim für mich alleine haben konnte, was nun ein purer Luxus für mich war.

Ich musste mit der Bahn zum Flughafen fahren und nutzte seinen Studentenausweis und sein Ticket, bis sich ein Kontrolleur übereifrig das Foto auf dem Ausweis etwas genauer angeschaut hat. Jetzt muss man wissen, dass mein Brüderchen fast doppelt so viel wog wie ich. „Das sind doch nicht sie auf dem Foto", sagte der Kontrolleur. Mir fiel nichts Besseres ein als zu antworten: „Ich habe Krebs, bitte lassen sie mich in Ruhe".

Dann musste ich nur noch so einen Schein ausfüllen, der meine Aussage bestätigt und dann wäre alles gut. Ich kann mich noch genau daran erinnern als ich mir dachte, ganz schön makaber, aber das war ja wohl ein richtig kluger Schachzug.

Leider war aber gar nichts gut, denn als der Zug anhielt, haben mich die zwei Kontrolleure wider erwartend nun doch hinausbegleitet. Jetzt wurde es ernst, ich habe umgehend meinen Täuschungsversuch zugestanden und um die Schwarzfahrerstrafe gebeten.

Da ich aber nun diesen Schein ausgefüllt habe, musste ich letztendlich 1.200 DM Strafe bezahlen, wegen Diebstahls, Erschleichung von Dienstleistungen und Urkundenfälschung. Mein Motto war immer: No Risk - No Fun und manchmal hatte ich Glück und manchmal, wie in diesem Fall, halt auch Pech...

Nun war es endlich soweit und ich konnte meinen ersten Trainingsflug bestreiten. Als ich in dem Wohnheim das erste Mal die Uniform anzog, war das schon wirklich echt geil. Vor allem als ich zum Flughafen gefahren bin, mit einem Ticket, was ich natürlich bezahlt habe, habe ich die Blicke der Mädels und auch so einiger Jungs, direkt gespürt. Ich war immer braungebrannt, hatte blaue Augen und ehrlich gesagt fühlte ich mich wie ein Pilot oder ein Calvin Klein Model. Ich bin auch ständig von irgendwelchen wildfremden Menschen angesprochen worden. Vor meinen ersten Flug kam ich in die Crew-Lounge und machte die Bekanntschaft mit zig Flugbegleiterinnen und so einigen Flugbegleitern. „Wer fliegt nach Varadero?"
Und schon gruppierten sich so etwa sechs oder sieben Personen, umarmten und begrüßten sich oder stellten sich einander einfach vor. Ein paar Minuten später rief wieder einer „Wer fliegt mit nach POP?"

POP ist der Three-Letter-Code für Puerto Plata in der Dominikanischen Republik und wieder fielen sich einige Kolleginnen in die Arme. Es war tatsächlich so, dass man zwar in dem Dienstplan die Three-Letter-Codes der Personen und die Flugdetails sehen konnte. Die meisten haben sich aber einfach überraschen lassen, mit wem sie denn so die nächsten Tage verbringen und da LTU über 1000 Flugbegleiter hatte, flog man jedes Mal mit jemand anderem. Irgendwann wurde auch KOS aufgerufen und ich meldete mich. Wir gingen zum Briefing, die Piloten stellten sich vor, fragten einige Sicherheitsdetails ab und der Purser erklärte die Serviceabläufe. Es war ein Mittelstreckenflug nach Griechenland und somit die kleine BOING 757 mit 4 Flugbegleitern und 2 Piloten. Die komplette Crew war so richtig cool, sogar zu cool wie sich später herausstellen sollte.
Ich wurde sehr herzlich empfangen und weil der Flieger ausgebucht war, boten mir die Piloten zum Start und zur Landung an, doch einfach im Cockpit zu sitzen, was ich dankend annahm. Wir fuhren mit einem Crewwagen zum Flieger und ich bereitete mit meinen Kolleginnen die Maschine vor, bis die Piloten mich gerufen haben. Ich setzte mich im Cockpit hin und auch die Jungs erklärten mir so einiges über das Bedienelement, was ich wahnsinnig spannend, interessant und einfach auch freundlich fand, weil sie es ja nicht hätten machen müssen. Da fingen plötzlich alle beide an sich hektisch an Ihre Hosen -und Jackentaschen zu fassen und kramten in Ihren Koffern.
Da sagte der eine „So ein Mist, ich habe tatsächlich den Zündschlüssel vergessen, kannst du uns einen Gefallen tun und den Schlüssel abholen? Lauf die Nottreppe runter und frag den Mann mit dem Bart da unten ob er dich zur Crewlounge fährt."
„Ja alles klar – mach´ ich" antworte ich und machte mich auf dem Weg. „Wo willst Du hin?" fragte mich meine Kollegin als ich die Seitentreppe nahm. „Die zwei Pfeifen haben den Zündschlüssel vergessen, ich muss den eben holen, bin gleich wieder da." Dann lief ich die Treppe runter und fragte den freundlichen älteren Mann mit dem Vollbart, ob er mich denn zur Crewlounge bringen könnte, damit ich den Zündschlüssel holen kann. Der guckte mich völlig entgeistert an und fing an mich

richtig laut mit einem perversen rheinischen Dialekt zu beschimpfen…

„Hast Du den Kopp nur zum Haare schneiden du Idiot?! Ein Zündschlüssel für ´ne Boing?! Wie blöd muss man denn sein?! Das ist doch kein Auto hier!!!" Ich verstand die Welt nicht mehr und als er dann so sagte Zündschlüssel für ´ne Boing und ich nach oben blickte und sowohl die Piloten, als auch meine lieben Kolleginnen Tränen in den Augen vor Lachen hatten und sich förmlich gekrümmt haben, da habe ich es erst gerafft….

„Herzlich willkommen und viel Spaß auf deinem ersten Flug!" „Vielen Dank – Ihr seid ja sooo witzig und ich bin soooo dämlich" antwortete ich leicht verschämt, aber ich konnte schon immer auch gut über mich selbst lachen. Bei meinem Langstreckentrainingsflug übrigens, den ich mit einer Kollegin antrat und wir ebenfalls im Cockpit saßen, haben zwei andere Piloten so ein Reifensignal aufleuchten lassen und uns gebeten, mit einem Fünf-Mark-Stück das Reifenprofil zu überprüfen. Dieses Mal war ich aber auf der Höhe und habe meiner Kollegin den Vortritt gewährt. Ein Ramp-Agent hat sie ins Cockpit mit den Worten geführt „Jungs, jetzt hört doch endlich auf die Neuen zu verarschen" Das Mädel hat sich zu Tode geschämt und wir haben uns kaputtgelacht.

Den Start und vor allem die Landung im Cockpit zu bewundern, war einfach unbeschreiblich. Ich habe mir in Düsseldorf in der Nähe der Franklinbrücke eine WG, nicht weit weg von der S-Bahnstation, mit einem Studenten und einer Studentin gesucht und dann ging es los.

Die Langstreckenziele von LTU, neben sämtlichen Urlaubszielen in Europa und Nordafrika, waren damals: Colombo in Sri Lanka, Malediven, Kappstadt in Südafrika, Windhoek in Namibia, Mombasa in Kenia, Holguin und Varadero auf Kuba, Los Angeles, Fort Mayers und Miami in USA, Puerto Plata und Punta Cana in der Dominikanischen Republik und Montego Bay auf Jamaika, und ich war überall, mehrmals! Ich habe das Fliegen und dieses Leben geliebt. Die Servicegänge waren für mich meine Bühne und ich habe jedem den bestmöglichen Service geboten, weil es mir einfach einen riesen Spaß gemacht hat, die Passagiere zu bedienen, zu belustigen und Späße mit ihnen zu machen.
Es gab leider auch so einige frustrierte Flugbegleiter, die viele Jahre flogen und in einen gewissen Trott verfallen sind, was für mich nicht nachvollziehbar war. Ich habe aber auch viele geniale, lustige, offene und verrückte Crews gehabt und mit ihnen die Urlaubsziele erkundet.
Wir hatten immer die besten Hotels, manchmal waren wir nur zwei Tage, manchmal aber auch drei, vier oder fünf in den jeweiligen Ländern und dann haben wir genau das gemacht, was die Paxe, so nannten wir die Passagiere, auch gemacht haben…

Wir waren auf Safaris, Tauchen, Shoppen, Segeln und Chillen, nur mit dem Unterschied, dass wir Geld dafür bekamen. Auf Kuba zum Beispiel kannte ein Purser einige Einheimische, die er bei jedem Aufenthalt besuchte, also haben wir zwei Jeeps gemietet und sind den ganzen Tag durch den wunderschönen, unberührten kubanischen Regenwald gereist, haben die befreundeten Familien in Ihren Hütten aufgesucht, dort ein Barbecue genossen, Rum getrunken, Zigarren geraucht, getanzt und gesungen um anschließend auch dann dort in Hängematten mitten in der Wildnis zu übernachten.

Oder aber auf den Malediven, wo wir auf der kleinen Flughafeninsel in Male gelandet und mit einem Boot auf unsere Furanafushi-Insel gebracht worden sind, um dann dort ein Volleyballturnier gegen eine andere Crew zu spielen, zu schnorcheln und eine Menge Drinks mit den Mädels zu genießen. Ein paar Tage später war ich dann auf einer Safari in Kenia, weil ein Pilot einige Freude vor Ort hatte und die ganze Crew in die Wildnis eingeladen hat.

Und mein Gott, was haben wir ab und zu für Partys gefeiert... Es gab immer ein paar richtig coole Mädels, die auch noch richtig cool aussahen und natürlich bin ich auch irgendeiner, irgendwo im Paradies, auch so richtig nähergekommen.

Auch über diese Zeit und die interessanten Personen, die ich kennengelernt habe, müsste ich eigentlich noch ein spezielles Buch schreiben um das alles zu erzählen. Es war einfach ein Traumleben, ich war so glücklich und habe es in vollen Zügen genossen.

In Düsseldorf selbst, in meiner WG, fühlte ich mich auch blendend. Meine Mitbewohner haben ständig irgendwelche skurrilen Partys gefeiert und da ich der einzige war, der Geld verdient hat, haben die auch immer meine Sachen aus dem Kühlschrank weggefuttert, was aber natürlich OK war.

Wenn ich mal frei hatte, bin ich auch oft in die Altstadt gefahren und auf einer der Partys habe ich mich in eine sechs Jahre ältere Frau verliebt. Auch sie hat sich trotz des Altersunterschiedes in mich verliebt und ich bin kurzerhand zu Ihr nach Düsseldorf-Derendorf gezogen.

Als ich so verliebt war und mittlerweile auch schon zig Mal alle Ziele gesehen hatte, habe ich in einer Nacht auf Domrep ein Bierchen getrunken und Gott dafür gedankt, wie alles bis hierhin so abgelaufen ist und dass ein kleiner, armer Junge aus Polen, lediglich vollgepackt mit unbändigen Ehrgeiz und Risikobereitschaft, bereits jetzt schon ein Lebensziel, nämlich einen großen Teil der Welt zu sehen, erreicht hat.

Und dann habe ich mir Gedanken gemacht was denn nun mein nächster Schritt im Leben sein sollte, denn ich wollte nicht für immer ein Kellner in der Luft bleiben. Außerdem war mir sehr wohl bewusst, dass ich den nächsten Augencheck nicht bestehen würde.

CATERING

Auch während meiner Fliegerzeit habe ich immer wieder bei dem Partyservice im Sauerland, bei dem ich zuvor schon jahrelang arbeitete, ausgeholfen. Da der ältere Unternehmersohn schon immer fest mit mir zusammenarbeiten wollte, dachte ich mir: warum eigentlich nicht? Catering ist doch genau das Richtige: Du hast Action, immer eine tolle Show, kannst viel Geld verdienen und es macht Dir richtig viel Spaß. Ich habe ihm schließlich meine Gedanken bei einem Kaffee erklärt und er sagte „Ich übernehme das Geschäft meiner Eltern, sie steigen aus, Du steigst hier ein, wir machen die Metzgerei zu, konzentrieren uns nur auf das Cateringgeschäft und ziehen das richtig groß auf. Wir beide werden das rocken und richtig viel Geld verdienen."

Da ich ja schon immer sehr spontan war, meinem Bauchgefühl folgte und selbstständig mit 22 Jahren zu sein sicherlich auch irgendwie geil war, kündigte ich kurz vor dem nächsten Augencheck, zog ins Sauerland in die Wohnung über dem Betrieb und stürzte mich voller Eifer in die Arbeit.

Wir haben jedes Wochenende für Geburtstage, Hochzeiten, Jubiläen, Weihnachtsfeiern, Sommerfeste sowie sonstige Betriebsfeiern im Durchschnitt für ca. 1000 Personen, verteilt auf 10 verschiedene Feiern gekocht und das Essen ausgeliefert. Unter der Woche haben wir die Feiern mit den Kunden besprochen und alles organisiert und haben dann von Freitagmorgen bis Sonntagabend quasi durchgearbeitet.

Bei größeren Feiern, in den Schützen- bzw. Betriebshallen haben wir die Dekoration am Donnerstag aufgebaut. Tische gestellt, Blumen, Kerzen, Deko und Heizbehälter platziert, so dass am Tage der Feier selbst ein Team von ca. 3 Personen eine Stunde vor dem Abendessen ankam, das Essen aus den Warmhaltebehältern in die Heizbehälter umgepackt und die Gäste am Buffet bedient hat.

Mein Compagnon war für die Küche und ich für den Service vor Ort und für die Teams verantwortlich. Wir haben aber auch einen Rund-um-Service angeboten. Dann haben wir den gesamten Raum dekoriert, uns um die Getränke und die Kellner gekümmert, natürlich um das Essen an sich, sowie die Musiker, das Abendprogramm und das Aufräumen am Ende auch noch. An den Wochenenden, an denen wir ausgebucht waren, und das war fast jedes Wochenende, liefen ca. 50 Mitarbeiter auf den Betriebshof.

Ein bis zwei Mal im Monat, insbesondere in der Winterzeit, wo die Weihnachtsfeiern zelebriert wurden, haben wir mindestens eine Großveranstaltung mit ca. 300 – 500 Gästen organisiert und das andere nebenbei laufen lassen und dann in den Spitzen für ca. 2000 Personen gekocht.

Wer schon mal ein Essen für 6 Personen selbst gekocht hat, der kann sich ungefähr vorstellen was es heißt und welche Logistik, Organisation und Planung dahintersteckt, um an 10 verschiedenen Orten auf die Minute genau ein perfektes Essen für insgesamt ca. 2000 Personen zu servieren. Wir waren die Nummer 1 im Catering im Sauerland. Es gab allerdings auch drei gravierende Probleme: Erstens fühlte ich mich absolut unwohl in dem kleinen Örtchen, nachdem ich zuvor die Welt gesehen und in Düsseldorf gewohnt habe. Mir war das alles zu eng, zu eingefahren und zu langweilig…

Zweitens malochte ich wie ein Tier, hielt mich an den Wochenenden, an denen ich manchmal gar nicht schlief, mit Koffeintabletten wach und musste immer dann ackern, wenn andere entspannt haben.

Mein Wochenende war ein Dienstag oder ein Mittwoch, den ich mir ab und zu mal frei genommen habe. Drittens hatte ich ja immer noch meine Freundin in Düsseldorf, die ich immer seltener sah und immer mehr vermisste. Schon nach einem halben Jahr merkte ich, wie unzufrieden ich wurde. Ich war müde, kaputt, völlig verheizt und wurde langsam depressiv und trank immer mehr Wein.

Ich steckte allerdings auch in dem Dilemma, dass mein Compagnon und dessen Eltern auch irgendwo meine Freunde waren, und ich fühlte mich ihnen emotional verbunden. Sie waren ihr Leben lang selbstständig und haben seit Jahrzehnten rund um die Uhr, sieben Tage die Woche malocht und waren dieses Leben entsprechend gewohnt.

Nun wollten sie kürzertreten, ich hätte Anteile bekommen und hätte langfristig definitiv finanziell ausgesorgt.

Aber die Erwartungshaltung an mich war enorm und ich konnte und wollte sie nicht erfüllen.

Ich hörte bewusst in mich und setzte mich mit der Situation auseinander, machte ein Pro und Kontra Liste und wusste schließlich sofort, dass ich so ein Leben nun doch nicht führen wollte. Ich war emotional befangen, weil ich in so jungen Jahren so eine Chance bekam, und wirklich so viel von ihnen lernte, aber mein Entschluss stand fest…

LIEBER EIN ENDE MIT SCHRECKEN, ALS EIN SCHRECKEN OHNE ENDE.

Das war eine sehr schwierige und unangenehme Phase meines Lebens, und dieses Mal hat mich mein jugendlicher Leichtsinn und meine Spontanität nach meinem Flugbegleiterdasein fast umgehauen…

Viele Menschen, die ich kenne, sind nicht in der Lage Entscheidungsvorlagen auszuarbeiten, um dann letztendlich eine Entscheidung zu treffen und somit quälen sie sich, sind unzufrieden und leiden förmlich unter der Situation. Sei es in der Beziehung oder im Job.

Sie diskutieren alles Vorwärts und Rückwärts mit vermeintlichen Beratern und verrennen sich am Ende.

Dabei ist es wirklich so einfach: Meine Pro- und Kontra Liste hat mir klar vor Augen geführt, dass es zu viele negative Punkte gab, und als ich erst die Entscheidung getroffen und den Hebel im Kopf auf Veränderung umgelegt habe, setzte sich umgehend eine neue Energie in mir frei und ich konnte viel klarer und besser denken. Meine Strategie war es, mir erst einen Job in Düsseldorf zu suchen und dann erst das Gespräch zu führen, weil ich genau wusste, dass sie es persönlich nehmen, nicht verstehen, das Ganze dann beenden und ich mit leeren Händen dastehen würde.

Aber was zum Teufel sollte ich machen? Nach welchen Stellen sollte ich suchen? Ich erinnerte mich an mein zweites Lebensziel, ein Außendienstvertreter zu sein und mit einem schicken Firmenwagen und einem schicken Anzug durch die Gegend zu fahren. Ich hatte aber keine Lust mehr auf die Lebensmittelbranche.

Durch meine bisherigen Erfahrungen hatte ich ja schon einiges erlebt und mein Selbstbewusstsein reichte bis zum Mond. Und reden konnte ich schon immer sehr gut. Gut, ich hatte überhaupt keine Ahnung wie so ein Job funktionieren sollte, aber trotzdem sollte es genau solch ein Job sein.

Mein Problemchen war allerdings, dass ich überhaupt keine Zeit hatte. Also schaute ich nachts online nach einigen passenden Stellen, fand auch direkt etwas im Automobilbereich, und bewarb mich. Ich hatte keine Zeit zu verlieren und versuchte daher etwas Unkonventionelles in der Bewerbung.

Ich kriege den Wortlaut nicht genau hin aber die Struktur war so:

1.) Ihr seid geil.

2.) Ich bin geil.

3.) Zusammen sind wir supergeil.

Ich habe das Unternehmen sehr genau online studiert und in meiner Bewerbung stets eine Verbindung zwischen mir und der Erwartungshaltung sowie der Strategie des Unternehmens gebildet. Ich habe tatsächlich nur diese eine Bewerbung abgeschickt und drei Tage später rief mich mein zukünftiger Bezirksleiter an und lud mich auf ein Käffchen ein.

Natürlich habe ich ihn umgehauen und ich hatte fast den Job! Wieso nur fast? Mein Bezirksleiter sagte: „Du bist ein ungeschliffener Rohdiamant und ich glaube an Dich, weil Du brennst.

Aber ich möchte, dass du zwei Mitreisen mit unterschiedlichen Kollegen in deren Gebiete machst und dir den Job anschaust, ob es was für dich ist. Gleichzeitig werden wir die Möglichkeit bekommen, uns anzuschauen, ob du was für uns bist. Danach werden wir entscheiden."

Obwohl es für mich sehr schwer war das in der Weihnachtshochsaison heimlich zu organisieren, habe ich das Mitreisen gemacht, was super war, weil ich nun wusste was auf mich zukommt. Ich konnte die Kollegen anscheinend durch meine Fragen und mein Interesse überzeugen und so wurde ich letztendlich genommen! Es ist mir bis heute unvorstellbar welche Unsummen die Unternehmen dafür ausgeben, vernünftiges Personal zu rekrutieren.

Headhunterfirmen entwickelten hochkomplexe Studien, Fragebögen und Assessment - Center, doch keines, bis auf dieses eine Unternehmen, kommt auf die einfachste Idee, einige Probetage oder aber im Vertrieb eine Mitreisegelegenheit zu organisieren, so dass sich letztendlich die erfahrensten und am besten geeigneten Personen, nämlich die eigenen Mitarbeiter, ein Bild über den Kandidat machen und das wertvolle Feedback als Entscheidungsvorlage abgeben können.

Ich erklärte meinen Compagnon und den Eltern meinen Ausstieg und musste deren Enttäuschung einfach aushalten. Zum Schluss bekam ich auch noch eine Blinddarmentzündung und musste in Düsseldorf ins Krankenhaus. Die Zeit dort habe ich dafür genutzt, mich auf den neuen Job vorzubereiten und zu analysieren, wie ich denn in so eine Situation kommen konnte, um einfach für die Zukunft zu verhindern, dass sich so etwas jemals wiederholt.

Nun, letztendlich habe ich mich auf die Herausforderung nicht richtig vorbereitet und ging sehr blauäugig an die Sache heran. Ich kannte nur den schönsten Part des Caterings, nämlich den Service vor Ort. So blöd wie es sich anhört habe ich aber völlig außer Acht gelassen, dass man das Essen auch noch vorher kochen muss.

Dann haben wir nicht genügend über die Erwartungshaltung aneinander und die Arbeitsteilung gesprochen und auch nicht, dass ich letztendlich das Mädchen für alles sein sollte. Das Schlimmste war jedoch, dass ich mich habe blenden lassen. Die Unternehmerfamilie hat sich eine exklusive Villa gekauft, fuhren die exklusivsten Autos und lebten sehr luxuriös.

DER DIREKTVERTRIEB

Natürlich hat mir das imponiert und ich war so naiv und habe mir eingebildet, dass ich ein Teil davon war, aber letztendlich war ich das nie. Ich war ein Angestellter, der Anteile hätte bekommen sollen, von dem erwartet wurde, dass er wie ein Selbstständiger agiert, aber nie wirklich selbstständig war.

Schlussendlich bin ich auf die Fresse gefallen, bin allerdings cool geblieben und sofort wieder aufgestanden. Man darf und soll sogar Fehler machen! Wichtig ist allerdings, dass man diese nur ein einziges verdammtes Mal und dann nie wieder den gleichen Fehler macht! Zu dem Zeitpunkt wusste ich noch nicht, dass diese Erfahrungen zwar schmerzhaft, aber unbezahlbar waren, wie sich später in meinem Leben mehrfach beweisen sollte.

Ich zog wieder zu meiner Freundin nach Düsseldorf und wir sind beide an dem ersten Samstag, bevor ich meine Schulung anfing, zur Jahresauftaktveranstaltung von meinem neuen Unternehmen in ein exklusives Hotel eingeladen worden.

Das Unternehmen ist die Tochterfirma der weltweiten Nummer 1 im Verbrauchsmaterialbereich und seit über 60 Jahren auf dem Markt. Es beliefert das KFZ und NFZ Handwerk mit über 400 Mitarbeitern, mit allem Nützlichen, was zum Reparieren, Warten und Pflegen von Fahrzeugen benötigt wird. Das sind ca. 19.000 Produkte aus den Bereichen: DIN und Normteile, Autoelektrik, Verglasung, Aufbereitung, Drucklufttechnik, Werkzeugen, Karosserie, Lackierung, Reifenmontage und Werkstattausrüstung, sowie Inspektion & Wartung.

Alles Dinge, von denen ich natürlich mal so überhaupt keine Ahnung, geschweige denn jemals gehört hatte. Ich wusste nur, dass mein Gebiet südlich von Mönchengladbach war und ich diese Produkte im Direktvertrieb an ca. 200 Kunden verkaufen soll.

Bereits auf dem Parkplatz sind mir die mehreren hundert Autos mit den gleichen 4 Buchstaben aufgefallen. Die ersten 2 für die Stadt und die nächsten zwei als Kürzel für den Firmennamen.

Anscheinend haben die sich das reservieren lassen, habe ich mir gedacht und es war auch so. Wir haben eingecheckt, ich habe mich in meinen C&A-Anzug geschmissen, meine Freundin hat sich schön zurechtgemacht und wir sind in den vereinbarten „Bahnhofssaal" gegangen.

Vor dem Saal bereits standen so ca. 100 Personen fein geschniegelt, tranken Sektchen, haben sich begrüßt, umarmt, zusammen gelacht so etwa wie auf einer Hochzeit. Es war wirklich eine schöne, gelassene und angenehme Stimmung. Der Saal selbst ist bahnhofsmäßig dekoriert gewesen und da wir keinen kannten, sind wir in unser Abteil „Ruhrgebiet" gegangen, welches meinem Bezirksgebiet entsprach.

Da lernte ich auch meinen anderen neuen Kollegen kennen, der ebenfalls leicht eingeschüchtert mit seiner Frau am Tisch saß. Ich muss zugeben, dass ich das alles sehr geil fand - die Firmenwagen, die schick angezogen Leute, das moderne Hotel, die Deko und der ganze Aufwand des Events. Auf der anderen Seite habe ich mir selbst sofort ins Gedächtnis gerufen: Junge, lass dich nicht schon wieder blenden! Und es war auch irgendwie verdächtig, auf den ersten Blick schon irgendwie sektenmäßig. Ich war sehr gespannt, was auf mich zukommen würde.

Der Saal füllte sich und der Geschäftsführer betrat die Bühne. Ich muss zugeben, dass er mich mit seiner angenehmen, herzlichen und ruhigen, emotionalen Art, seiner Ausstrahlung und Charisma gepackt hat. Er begrüßte auch die 16 neuen Außendienstler, zu denen auch ich gehörte und präsentierte mit den anderen Geschäftsführern und Abteilungsleitern die Zahlen, einen Rückblick und die Vorschau sowie die Ziele für das nächste Jahr.

Das war sehr professionell und ich war sichtlich beeindruckt. Zum Schluss ist auch das Ensemble von Starlight Express durch die Halle gerauscht und hat drei Lieder performt, passend zu dem Bahnhofsthema. Anschließend sind wir zur Abendgala in einen anderen Saal gegangen, der in amerikanischen Stil dekoriert war.

Das Jahresziel war es 66% Rohertrag zu generieren und als Incentivereise für die Außendienstler gab es bei Zielerreichung, passend zum Jahresmotto, eine Route-66-Jeep-Tour mit dem Partner durch die USA zu gewinnen. Die Gäste konnten Bullriding machen, Hufeisenwerfen, Popcorn und amerikanisches Bier an einigen Ständen genießen und sowohl die Band, als auch die Kellner waren amerikanisch angezogen. Das war ja mal ein Businessevent, dachte ich mir, und musste kurz an meine frühere Tätigkeit denken.

Ich traf meine Kollegen aus dem Bezirk und die anderen Neuen, mit denen ich am Montag die Schulung bestreiten sollte. In der Nacht lag ich abgefüllt im Hotel und dachte mir: Das ist genau deine Welt! Du hast es geschafft! Am Montag ging die Schulung los und wir bekamen unsere Firmenautos.

Ich persönlich einen brandneuen Ford Focus, was ich zu dem Zeitpunkt richtig klasse fand. Es gab eine Firmenfahrzeugreglung, die sich nach Umsatzhöhe richtet: die Junior- und C-Verkäufer konnten zwischen einen Opel-Astra, VW-Golf oder Ford-Focus wählen. Generierte man einen 50% höheren monatlichen Umsatz, dann war man B-Verkäufer und konnte einen Ford-Mondeo, VW-Passat, Opel-Vectra oder einen A-4 nehmen.

Ein A-Verkäufer, generierte einen monatlichen Umsatz vom doppelten des C-Verkäufers und durften Mercedes-C-Klasse, A-6 oder 3er-BMW fahren. Das Prinzip ist simpel und funktioniert, zumindest bei den meisten: Fette Karre als Motivation! Die Gehaltsstruktur war auch ziemlich trickreich. Man bekam ein geringes Fixum, und den Rest über Provision sowie die Monatszielerreichungsprämie. Die Herausforderung liegt in dem Erreichen der Monatsprämie, die etwa bei einem Viertel des zu erwarteten Monatsgehaltes liegt. Ein Beispiel. Hat man einen Monatsplan von 15.000 EUR und verkauft nur für 14.000 EUR, dann hat man Pech gehabt und musste auf die 500 EUR Planerfüllungsprämie verzichten.

Die Provisionszahlung richtete sich nach dem Umsatz und stark nach dem Rohertrag. Sprich, man hatte einen Zielpreis und eine Preisuntergrenze für jedes Produkt sowie einen Staffelpreis. Weiche man vom Zielpreis ab, so sank auch erheblich die Provision. Man kann sich wirklich darüber streiten, ob dieses System vernünftig ist oder nicht.

Fakt ist: Bist Du gut und hast deine Kunden und dein Gebiet im Griff, kannst Du gutes Geld verdienen und hast ein gutes Leben.

Jeden Tag nach der Tour hat man ein Ranking bekommen und konnte sehen auf welchen Platz man zwischen allen Verkäufern umsatzmäßig stand.

Das setzte die Verkäufer ja mal so richtig unter Druck, hat aber auch gleichzeitig dazu beigetragen, dass jeder wirklich das Letzte aus sich herausgeholt hat. Die Schulung war perfekt organisiert und wir haben innerhalb von 4 Wochen alles über die Produkte gelernt, konnten jedes einzelne Produkt sowie das dazugehörige Wettbewerbsprodukt in einer eigenen Werkstatt ausprobieren und dann ging es los…

Mein erster Tag da draußen war eine Katastrophe und ich hätte am liebsten meinen Focus auf 180 Km/h beschleunigt und vor einen Baum gesetzt!

Wir sollten am Tag ca. 15 Kunden besuchen. Die Tagestour habe ich städteweise organisiert und ich hatte die Städte rund um Erkelenz, wobei die Menschen dort ein Völkchen für sich sind. Ich ging mit meinem C&A-Anzug in eine kleine freie 2-Mann-Werkstatt zum Üben, war voller Elan und Zuversicht, aber auch völlig nervös. Ich sagte: „Hallo, ich bin Robert Foit, der neue Außendienstmitarbeiter der Firma…"

Bevor ich weitersprechen konnte schrie, der mit Öl beschmierte, bierbäuchige, hässliche Typ: Verpiss Dich hier! Ihr habt mich vor 5 Jahren beschissen und jetzt traut ihr euch hierhin? Hau bloß ab komm nie wieder, sonst kriegst ´n Schlüssel vorm Kopp!!!"

Oh man, was war das denn habe ich mir gedacht. Naja, versuchst Du mal einen der schon gelistet war. Drei Gebiete meiner Kollegen sind zu einem gestrickt worden, damit wir die Marktdurchdringung besser ausschöpfen können, somit habe ich auch, Gott sei Dank, einige wenige kaufende Kunden gehabt.

Also fuhr ich einen kleinen Umweg zu einem Kunden, der uns schon kannte. Der Teiledienstleiter aber meinte „Du, sei mir nicht böse, ich kaufe schon seit 15 Jahren bei dem Heinz von Firma B und der Peter von Firma C kommt auch einmal im Monat und will mir was andrehen, eigentlich macht das gar keinen Sinn für Dich, tut mir leid."

Der nächste Kunde eines großen Autohauses meinte „Ist heut´ Klinkenputzertag? Du bist der Fünfte heute, und wir brauchen nix!" Der darauffolgende dann, bevor ich überhaupt etwas sagen konnte schrie aus der Grube heraus: „Es ist grün – Du kannst gehen!"

Ich habe 20 Kunden besucht und habe nicht eine einzige bescheuerte Schraube verkauft, und ich wusste, dass ich alle zwei Wochen die gleichen Kunden wieder besuchen musste.

Überall schien der Wettbewerb stark drin gewesen zu sein, und es gab zig kleine spezialisierte Unternehmen, die ebenfalls mit Außendienstlern jeden Scheiß verkauft habe. Kurz, es gab 5 große Unternehmen, die alle das gleiche hatten und zusätzlich noch Spezialisten in den jeweiligen Segmenten. Ein absoluter und brutaler Verdrängungswettbewerb!

Den Vertrieb habe ich mir ehrlich gesagt viel einfacher, edler und lockerer vorgestellt, aber das war ja was ganz anderes. Ein riesen Umsatzdruck, und wenn´s nicht läuft verdient man kein Geld!

Auf der anderen Seite hatten wir wirklich gute Premiumprodukte, eine Top Logistik und eine Top Servicegrad und die Autohäuser brauchten die Sachen regelmäßig. Wir sind gut geschult worden und genau auf solche Situationen vorbereitet gewesen. Ich habe mich die ganze Nacht auf die Kunden vorbereitet und mir überlegt, was ich sage, wenn wieder die Standardantworten kommen wie „Keine Zeit, brauchen nix, brauchst nie wiederkommen, usw." Und es klappte tatsächlich!

Nicht sofort beim nächsten Mal, aber nach und nach wurde es durch die Vorbereitung besser.

Entweder ich zückte umgehend ein Sonderangebot, oder nahm irgendein Produkt, drängte mich auf und führte es direkt vor, oder ich analysierte die Historie und sprach den Kunden auf Produkte an, die er schon lange nicht mehr gekauft hat.

Wenn ich nur einen Artikel als Bestellung bekam, zückte ich sofort meinen Katalog und blätterte förmlich vor dem Teiledienstleiter so ganz nebenbei und kam ganz schnell dann auf 5-10 Positionen, was dann so ca. 300 EUR Umsatz ausmachte. Ich sprach auch stets alle Ansprechpartner an, also auch die Meister, die Mechaniker oder sogar die Autoverkäufer und überlegte mir immer im Vorfeld was ich mache, wenn ein berechtigter Einwand oder ein an den Haaren herbeigezogener Vorwand kommt. Ich lernte unheimlich viel von meinem Bezirksleiter durch Mitreisen, obwohl ich diese trotzdem gehasst habe, weil ich mir wie ein kleiner Schuljunge vorkam, telefonierte jeden Tag mit den erfolgreichsten Verkäufern und diskutierte alle verschiedenen Fälle mit Ihnen durch.

Ab und zu fuhr ich bei den erfolgreichsten Verkäufern mit, um mich zu motivieren und um von ihnen zu lernen. Wie gesagt, ich musste immer nur den Durchbruch zum ersten Produkt kriegen, also führte ich Dateikarten von allen Kunden, und schrieb mir immer auf, was ich vorgeführt habe und was ich beim nächsten Mal in 2 Wochen zeigen kann. Da wir 19.000 Produkte hatten, gab es immer etwas, was ich vorführen, zeigen oder anbieten konnte. Was auch immer sehr gut lief waren Aktionen bei denen der Einkäufer ein kleines Geschenk bekam.

Wenn ein Einkäufer eine größere Menge von irgendetwas abnahm, dann bekam er eine Uhr, eine teure Taschenlampe, einen Werkzeugkoffer oder irgendetwas anderes, was kein Mensch braucht aber irgendwie cool ist.

Ich wurde auch immer lässiger, lockerer und sicherer und baute zu allen Ansprechpartnern eine freundschaftliche Beziehung auf. Ich wusste genau wer wann Geburtstag hatte, welche Zigarettenmarke er rauchte, welchen Fußballverein er bevorzugt und alles über seine Familie, Hobbies ja sogar seine Sorgen und Nöte und private Probleme.

Ich habe mich nicht verstellt, oder geschauspielert, nein mich hat das wirklich interessiert und ich habe es einfach gern gemacht. Auch die, die nicht kauften, habe ich hartnäckig alle zwei Wochen besucht und habe immer irgendetwas ausprobiert. Wenn einer ein halbes Jahr immer noch nicht bestellt hat, brachte ich eine Flasche Sekt mit und überreichte es dem Teiledienstleiter mit den Worten: „

Wir haben heute Jubiläum. Ich komme seit einem halben Jahr alle zwei Wochen und habe immer noch keinen Auftrag!"

Da musste selbst der kälteste Einkäufer lachen und gab mir dann zumindest einen Trostauftrag. Oder aber ich fragte einfach: „Was muss ich tun, um einen Auftrag zu bekommen?" Wenn man die Vorarbeit bei dem Kunden gut gemacht, und ihn regelmäßig besucht hat, dann löst diese Frage etwas bei den Kunden aus.

Dem Kunden wird bewusst, dass Sie sich ernsthaft damit beschäftigen und tatsächlich darüber nachdenken. In der Regel ist es dann auch so, dass Sie einen Auftrag platzieren. Die Kunden kauften aber trotzdem immer noch beim Wettbewerb, also griff ich noch tiefer in die Trickkiste.

Ich notierte mir einfach die Routen der Hauptwettbewerber und bin die größten Kunden einen Tag vor den anderen angefahren und hab so einiges abgegriffen was eigentlich für sie bestimmt war. Dann haben sich stets alle beschwert, dass ja nichts los ist, was übrigens die Standardaussage ist, wenn jemand nicht kaufen will.

Also habe ich vielen Autohäusern oder Werkstätten aus meinen Bekanntenkreis Kunden vermittelt. Das war eine wahre WIN-WIN Situation, weil meine Freunde und Bekannte, die Reparaturen oder Inspektionen vergünstigt bekommen haben und die Werkstätten froh waren, eine Auslastung zu haben. Das wurde dann mit schönen Aufträgen honoriert. Auch wenn der Wettbewerb sehr stark und ebenfalls hartnäckig war, so habe ich ihn mit diesen Aktionen immer mehr und mehr abgeknapst. Als nächsten Schritt habe ich die Kundengruppen zentral angegriffen. Wir haben gerade das Key Account Management entwickelt.

Ich habe eine Autohausgruppe attackiert indem ich das C-Teile-Management der Geschäftsführung vorgestellt habe. Im Prinzip habe ich ihnen erklärt, dass Cent-Artikel, die nicht verfügbar sind, hohe Kosten verursachen, und ich selbst das Bestandsmanagement führen und verantworten kann. Wir würden ein Werkstattregalsystem auf Gegengeschäftsvereinbarung kostenlos stellen und ich würde es betreuen. Das habe ich einige Male platziert und hatte somit einen sicheren, regelmäßigen Umsatz.

Wenn ich mal schlecht drauf war, puschte ich mich mit lauter Musik im Auto, oder telefonierte mit meinen Kollegen oder aber ich riss mich einfach zusammen. Ich hatte auf den Dörfern nur relativ kleine Autohäuser, und zwei sehr starke Wettbewerber und habe trotzdem den Umsatz innerhalb von einem Jahr verdoppelt.

Der Konzern war die Kaderschmiede des Direktvertriebs und ich war sehr erfolgreich, weil ich tat, was die wollten und ich mich einfach durchgebissen habe. Allerdings haben viele meiner Kollegen diese Form von Vertrieb nicht gepackt und so war ich nach 1,5 Jahren der Einzige aus meiner Schulungsgruppe, der noch nicht das Handtuch geworfen hatte. Es gab eine riesige Fluktuation.

Mir persönlich aber haben die Touren mit zunehmender Routine förmlich Spaß gemacht, weil sich mit den meisten Kunden sogar private Freundschaften gebildet haben und wenn mir Umsatz zum Monatsende fehlte, dann bat ich meine Kunden um Hilfe und sie bestellten irgendwas, obwohl sie es gar nicht brauchten.

Nun hatte ich was ich wollte: Unabhängigkeit, Freiheit, einen Firmenwagen, freie Zeiteinteilung und Erfolg.

Privat lief auch alles bestens, wir haben uns in Düsseldorf eine größere und schönere Wohnung genommen und hatten sehr viele interessante Freundschaften, so dass neben dem Job ständig irgendetwas los war.

Ich habe Fußball gespielt und bin ins Fitnessstudio gegangen. Das Beste aber war die Entwicklung meines privaten Bermudadreieckes: Mein Cousin, schon immer auch gleichzeitig einer meiner besten Freunde, hat beschlossen nach seinem Hauptschulabschluss und der Ausbildung, sein Abi in der Abendschule nachzumachen und hat dabei einen von unserem Schlag, ebenfalls aus Polen stammenden, jungen Mann kennengelernt.

Zusammen haben sie beschlossen in Bochum zu studieren. Der eine Geoinformatik, weil er vorher im Vermessungswesen seine Ausbildung gemacht hat und mein Cousin Mechatronik, weil sich das einfach cool anhört und er es der Welt beweisen wollte, dass er das Studium packen sollte – auch wenn kein Mensch darauf einen Cent setzen wollte (auch ich nicht).

Wir tickten also gleich, liebten es extrem zu feiern, waren megamäßig ehrgeizig und hatten schlicht und einfach Spaß am Leben. Ich beschloss für 4 Tage unsere Bermudadreiecktour zu organisieren.

Wir sind in das polnische Mallorca, nach Misdroj an der Ostsee, zum Feiern gefahren und auch über diese Touren müsste ich eigentlich drei Bücher schreiben. Fakt ist, dass wir ab diesem Zeitpunkt bis heute jedes Jahr so eine Tour durchführen, und immer wieder aufs Neue als Bermudadreieck im gleichnamigen verschwinden.

Es ist wirklich wichtig und von unschätzbarem Wert sich so eine Welt zu erschaffen, und einmal im Jahr aus dem normalen Leben auszubrechen. Neben dem Spaß haben wir aber auch eine eigene, offene Kommunikationskultur entwickelt. Wir haben uns alle zu 100% vertraut und alle Dinge, auch die, die weh taten, angesprochen.

Es hieß „der heiße Stuhl" und jeder war mal dran. Es ging um Beziehungen, Freundschaften, Studium, Job, komische Verhaltensweisen, es wurde über alles leidenschaftlich debattiert, wir haben uns gestritten, jeder hat sich völlig entblößt und am Ende hat das jeden von uns weitergebracht.

Was ich aber eigentlich sagen will ist, dass ein geordnetes Privatleben in einem Job, bei dem Mann auf sich alleine gestellt ist, ungeheuer wichtig ist. Der Vertriebsjob ist reine Kopfsache und bedarf Selbstmotivation, Ehrgeiz und Selbstdisziplin. Ich habe so einige Verkäufer gesehen, die im Job kaputtgingen, weil deren Ehe gescheitert ist und vice versa.

Irgendwann allerdings, so nach ca. 1,5 Jahren ist mir bewusst geworden, dass ich noch mehr will und mich weiterentwickeln muss, um beruflich weiterzukommen und somit letztendlich noch mehr Geld zu verdienen. Also fing ich an, sämtliche Motivationsbücher der renommierten deutschen und amerikanischen Erfolgstrainer zu lesen, und alle möglichen Seminare privat zu besuchen wie:
Rhetorik, NLP - Neurolinguistisches Programmieren, Präsentationstechniken, Verhandlungstechniken, Kommunikation, Psychologie, Führung, Gestik, Mimik & Körpersprache und vieles mehr. Ich habe das alles privat einfach in mich selbst investiert. Und ich muss sagen, ich habe es geliebt, weil man bei den Seminaren so unendlich viel über andere, vor allem aber über sich selbst lernt. Meine Freundin hat zu dem Zeitpunkt parallel eine vierjährige Yogaausbildung angefangen. Natürlich hielt ich das alles am Anfang für totalen Quatsch aber letztendlich fing ich irgendwie an mich auch dafür zu interessieren, habe einige Kurse und Vorträge mit ihr besucht und mich immer mehr damit auseinandergesetzt.

Ich habe es nicht praktiziert aber ich finde die Ansätze einfach nur spannend und unheimlich interessant und fing dadurch an, zumindest etwas sensibler mit der Umwelt, der Natur und den Menschen an sich umzugehen.

Nachdem ich nun so viele Seminare besucht und Bücher gelesen habe, habe ich mich wieder zurückgezogen und mir die grundsätzliche Frage gestellt: Willst Du so weiter machen oder willst Du den nächsten Karriereschritt angehen und wenn ja, als was und wo?

Im aktuellen Unternehmen indem ich mich auf den Bezirksleiterposten bewerbe oder aber in einem anderen Unternehmen? Ich analysierte meine derzeitige Situation und obwohl ich erfolgreich war, und sicherlich später auch zum Bezirksleiter aufsteigen könnte, muss ich doch sagen, dass mich dieses tägliche Anbiedern nun doch ziemlich angeödet hat.

Weiterhin ging mir auch der enorme Umsatzdruck, der unmittelbar mit meinem Gehalt gekoppelt war, auf die Nieren. Fehlte mir der Umsatz zum Monatsende und ich hatte so ziemlich alles ausgeschöpft, dann war man tatsächlich genötigt zu tricksen, um die monatliche Planprämie zu bekommen. Jeder Mensch hat so seine persönliche Grenze und meine war damit erreicht, wenn ich quasi gezwungen war meine Kunden, und teilweise auch Freunde, irgendwie auszunutzen. Ich konnte und wollte es einfach nicht.

Der Direktvertrieb, bei dem man gezwungen ist jeden Tag aufs Neue, um jeden Preis Umsatz zu schreiben, ist die brutalste Form des Vertriebes, und nur die Besten sind in der Lage, das zu überleben. Ich bin froh und stolz, dass ich dazu gehöre. Die meisten fangen dann aber leider auch tatsächlich an, das Vertrauen auszunutzen, weil sie finanziell unter Druck sind. Man braucht Jahre um sich ein Vertrauen aufzubauen und nur Minuten um es zu verlieren und einmal verlorenes Vertrauen ist für immer verloren. Mich nervten auch die sektenartigen Motivationsparolen, sowie irgendwann dieses ganze System. Ich sage nicht, dass es an sich schlecht ist, aber es war einfach für mich nichts mehr. Also habe ich mich entschieden, dieses System zu verlassen und in ein anderes Unternehmen zu gehen.

Da ich wusste, dass es angenehmer ist, für einen Hersteller zu arbeiten, entschied ich mich dafür, mir einen Job bei einem Hersteller zu suchen. Es gibt eine Songpassage von den Söhnen Mannheims die sagt:

„Der Mensch lernt nur wenn er Scheiße frisst, sonst reift er nicht"

Und dieser Satz bringt es wirklich auf den Punkt. Ich bin bei diesem Job tatsächlich durch die Scheiße gegangen, bin aber dadurch gereift und habe mich weiterentwickelt. Kein Studium der Welt hätte mich besser ausbilden können als dieser Job, den ich als Sprungbrett nutzte und nebenbei alle Grundlagen und Faktoren des Vertriebes gelernt und vor allem aber verinnerlicht habe. Als ich nun wieder die Entscheidung getroffen habe, zu wechseln, habe ich auch gleichzeitig einen Hebel im Kopf umgelegt und war auf Jobsuche programmiert.

Es ist wirklich erstaunlich zu beobachten was passiert, wenn man zunächst einmal eine Entscheidung trifft. Dann ist man scharf geschaltet und fokussiert seine Kräfte auf das, was man will!

Es verhält sich so ähnlich wie mit dem Autokauf: Wünscht man sich ein besonders Modell und entscheidet sich zum Kauf, dann sieht man zufälligerweise genau dieses eine Model viel öfter als sonst. Und ich wusste ja, dass ich im Vertrieb bei einem Hersteller arbeiten will, also fokussierte ich mich nur auf solche Anzeigen und sprach auch darüber mit einigen Freunden.

Und so kam es, dass mich eines Tages ein ehemaliger Kollege aus meinen Bezirk, der ebenfalls gewechselt ist, anrief und meinte: „Du, ich habe genau den richtigen Job für Dich, und zwar meinen. Ich muss hier leider aufhören, weil ich in das Unternehmen meines Vaters einsteige, um Ihn zu unterstützen, und somit bleibt meine Stelle frei. Das ist ein Hersteller von Gelenkwellen und die suchen einen Vertriebsmann für Nordrhein-Westfalen für den LKW-und Industriebereich. Vertrau mir einfach, das ist genau dein Ding! Der Chef und die Leute sind cool und er will einen von der Kaderschmiede, weil er weiß, dass wir Jungs die Besten sind!"

Ich antwortete: „Ich bin dabei, aber was zum Teufel ist eine Gelenkwelle?" Nun, eine Gelenkwelle oder auch Kardanwelle genannt, überträgt die Kraft von A nach B, hat einen Längenausgleich und kann durch die Zapfenkreuze einen Beugewinkel ausgleichen.

In jedem LKW überträgt sie die Kraft vom Motor zum Getriebe und von dem Getriebe zu einer Achse, oder bei einem Allrad-LKW zu mehreren Achsen. Sie läuft aber auch bei Baumaschinen und Traktoren sowie in Lokomotiven und im Industriebereich in Stahl- oder Papierwerken. Wenn eine Gelenkwelle kaputtgeht, dann steht das Fahrzeug oder die Maschine still. Meistens geht das Nadellager des Zapfenkreuzes kaputt oder die Zähne des Längenausgleiches. Oder aber die Gelenkwelle reißt, weil sie so ausgelegt ist, dass, bevor bei einer Blockade das teure Getriebe einen Schaden nimmt, die Gelenkwelle die eigentliche Sollbruchstelle ist. Stillstand kostet Geld und da es unendlich viele Varianten gibt, ist die schnelle Ersatzteilversorgung unheimlich wichtig, aber auch enorm schwierig.
Der Chef hat das Problem erkannt und sich vor zig Jahren aus dem Nichts selbstständig gemacht. Er hat den kaufmännischen und sein Compagnon später den technischen Part geführt.
Sie entwickelten eine Maschine auf der man drei Produktionsstufen auf einer Bank, ohne Wechsel der Aufspannvorrichtung, durchführen konnte. Der erste Arbeitsgang ist, das Zapfenkreuz in die Gabelflansche einzupressen, das ist reine Handarbeit und erfordert eine Menge Gefühl und Erfahrung. Dann werden die montierten Flansche, die Verschiebung und das Kardanrohr in die Maschine gespannt. Im ersten Arbeitsgang auf der Maschine werden dann die Komponenten hydraulisch zusammengepresst, im Zweiten werden sie automatisch verschweißt und im dritten wird es auf der gleichen Bank dynamisch ausgewuchtet.
Wir hatten also alle Einzelkomponenten, aller Baugrößen auf Lager, und mussten nur noch das Kardanrohr auf das passende Maß kürzen und es auf dieser eigens entwickelten Bank bauen, was so cirka 1 Stunde gedauert hat und zu einer top Qualität produziert wurde. Der Produktmanager konnte nahezu sämtliche LKWs anhand der Fahrgestellnummer schlüsseln, und so konnten die Innendienstmitarbeiter innerhalb weniger Minuten den Produktionsauftrag drucken.

Und weil das alles so gut klappte, hat er mehrere Produktionsbetriebe, mit insgesamt über 100 Mitarbeitern, aufgebaut, und jedem Kunden das Versprechen im Umkreis der Produktionsstätten gegeben, dass er eine Gelenkwelle innerhalb von nur drei Stunden geliefert bekommt - zu jeder Tages- und Nachtzeit! Hierfür gab es einen kaufmännischen und technischen Notdienst. Eine Stunde für die Produktion, eine Stunde für die Fahrtzeit, und eine Stunde für das Unvorhergesehene. Das Beste war aber, dass die Gelenkwelle im Ersatzteilgeschäft unheimlich teuer war, so zwischen ein und drei Tausend Euro, weil die Hersteller ja eigentlich wussten, wie schwierig es ist, genau diese eine Gelenkwelle vorrätig zu haben, die gerade benötigt wird. Und dann war´s in Bezug auf die Margen noch besser, weil wir die

Gelenkwellen im Austauschgeschäft verkauft haben.

Wir haben die Gelenkwelle geliefert, das Altteil mitgenommen, es auseinandergebaut, die Zapfenkreuze vernichtet aber die anderen Komponenten begutachtet und wenn Sie OK waren dann gereinigt, und dem Produktionsprozess wieder hinzugeführt! Das war einfach nur genial!

Ich habe einen Tee mit dem Chef getrunken und er erklärte mir, dass ich Vertriebsgebietsleiter für NRW sein sollte, ein gutes festes Gehalt und ein vernünftiges Auto bekomme und ich erklärte ihm, dass er sein Lager vollpacken und die Produktionsmitarbeiter auf Überstunden einstellen soll.

Als ich bei meinem vorherigen Job gekündigt habe, wurde ich sofort in die Zentrale einbestellt und die haben alles rausgeholt, um mich zu halten. Ich dachte mir nur, komisch, dass das alles jetzt auf einmal so geht und fühlte mich geehrt! Aber ich kann jedem nur empfehlen, bei einer einmal getroffenen Entscheidung zu bleiben, und sich nicht von mehr Geld und vielen anderen Annehmlichkeiten blenden zu lassen!

Es wäre so, als hätte ich mich wie eine Hure kaufen lassen und einen Vertrag mit dem Teufel geschlossen.

Und irgendwann, wenn es nicht so gut laufen würde, würden sie mich damit zusätzlich unter Druck setzen.

Ich bedankte mich bei Allen für das Gelernte und für dieses Karrieresprungbrett, und ging.

Ich bin nur eine Woche lang eingearbeitet worden und dann mit einem sehr erfahrenen, ausgeglichenen, sehr gut strukturierten und rhetorisch perfekten Außendienstmitarbeiter gefahren. Er war natürlich auch der Beste und seine Art erinnerte mich daran, dass nicht die Draufgänger und vermeintlich coolen Typen, zu den absolut Umsatzstärksten gehören. Nein, es sind, wie im vorherigen Job auch schon, die ruhigeren, ausgeglichenen, zuverlässigen und eher die introvertierten Typen. Mein Job war es, sich zunächst auf die LKW-Werkstätten zu konzentrieren.

Im Prinzip musste ich dafür sorgen, dass die Teiledienstleiter und Meister immer nur unsere Telefonnummer wählen, wenn sie einen Bedarfsfall haben und bei den Innendienstverkäufern die Gelenkwelle bestellen. Und dafür musste ich allen Ansprechpartnern unseren Service erklären. Bei meinem Kollegen beobachtete ich wie er bei Neukunden die Ruhe besaß, lediglich nur Fragen zu stellen.

Er lebte sein Motto perfekt: "WER FRAGT, DER FÜHRT."

Darf ich Sie Fragen wie Sie vorgehen würden, wenn Sie jetzt aktuell eine Gelenkwelle bräuchten?" „Was genau würden Sie dann machen?" Das waren genau die richtigen Fragen.

Natürlich gab es auch hier einen sehr starken weltweiten Konzern und Hauptwettbewerber, der sogar Verträge mit den Vertragswerkstätten hatte und genauso aufgestellt und ebenfalls sehr gut organisiert war, und natürlich gab es auch viele regionale Wettbewerber. Er hat aber nicht wie wahrscheinlich 98% der anderen Verkäufer die Argumente mit einem Maschinengewähr losgeschossen, sondern hat sich eher wie ein Scharfschütze verhalten, hat gelauert, abgewartet und im richtigen Moment den richtigen Schuss platziert.

Ich finde das ist wirklich die Königsdisziplin des Verkaufsgespräches: die richtigen und offenen Fragen zu stellen und die Probleme des Kunden zu ergründen. Dazu braucht man aber viel Fingerspitzengefühl für die richtige Situation und den richtigen Zeitpunkt.
Und man muss bereit sein, es so lange zu üben, bis es sitzt. Es gibt zu JEDEN MENSCHEN einen Schlüssel, und JEDEN KUNDEN kann man knacken.
Die schlechten Verkäufer haben den Fehler gemacht, dass Sie den Kunden in nur wenigen Worten oberflächlich erklärt haben, was wir machen:
„Wir bieten Ihnen einen unschlagbaren Service, und liefern ihnen jede Gelenkwelle innerhalb von 3 Stunden rund um die Uhr, wir brauchen nur Ihre Fahrgestellnummer und dann können wir Ihnen sofort den Preis nennen"
Die Antwort war dann meistens: „Das können die anderen auch!"
Allerdings stimmt das einfach in den meisten Fällen nicht, weil die Gelenkwelle normalerweise vom Azubi oder irgendeinen Monteur zum Gelenkwellenreparateur geschickt wird, da der Einkäufer den Verkäufer aber loswerden will, ohne ihn zu beleidigen, ist das die einfachste und angenehmste Art und Weise.
Wenn man jedoch durch die Anfangsfrage den Kunden dazu bringt das Problem selbst zu erzählen, dann kann man Fragen „Wie lange ist der Monteur denn dann weg?" oder „Was kostet eigentlich eine Monteurstunde heutzutage?" Diese Vorgehensweise und diese Art von Fragen werden nur von den „CHAMPIONSLEAGUE VERKÄUFERN" verwendet, weil sie den Kunden dazu bewegen selbst nachzudenken und vor allem aber selbst auszusprechen, und somit auch wirklich zu verinnerlichen, worauf es ankommt.
Das heißt, die wahre Kunst ist es, im Verkaufsgespräch rhetorisch, durch geschickte Fragen, den Kunden dazu zu bringen, selbst auszusprechen, wo sein Problem ist und ihn dann durch weitere Fragen dazu zu bewegen, auch die Lösungen selbst zu präsentieren. Verkaufe ein Gefühl bringt das ganze ebenso auf den Punkt.

Und wenn der Kunde das dann verinnerlicht hat, dann muss man nur noch den Sack zu machen! Um bei dem oben genannten Beispiel zu bleiben könnte sich das so entwickeln:

Verkäufer: „wie lange ist der Monteur denn weg?"

Einkäufer: „Ach, so ca. eine Stunde – nicht lange."

Verkäufer: „Hhhhm – das heißt der andere Reparateur ist 30 Minuten von hier weg und hin und zurück ist es eine Stunde. Und wenn die Reparatur um ist, dann muss er sie wieder abholen oder?"

Einkäufer: „Jo stimmt."

Verkäufer: „Wow, das sind ja dann 2 Stunden, die der Monteur fehlt, man ihn aber bezahlen muss. Und wenn ich mir auch noch vorstelle wie teuer der Sprit so ist, dann kommt da ja so einiges zusammen. Übrigens, darf ich mal fragen was heutzutage eine Monteurstunde kostet?"

Einkäufer: „Ja, so um die Fünfzig Euro."

Verkäufer sagt jetzt gar nichts(!) Die Kunst ist jetzt: Er hält den Moment aus und lässt den Einkäufer selbst darüber nachdenken und ihn verinnerlichen zu lassen, was er da gerade selbst sagt.

An dieser Stelle kommt die Gestik und Mimik ins Spiel und der Verkäufer zuckt fragend die Augenbrauen als würde er sagen wollen: Oh man, ihr verwendet euren Monteur oder Azubi, den Ihr teuer bezahlen müsst, als Kurier! Die Arbeit bleibt liegen, das Auto wird verschlissen und Sprit wird vergeudet, das kann doch wohl nicht wahr sein! Das alles muss in seinem Gesichtsausdruck zu lesen sein, aber der Verkäufer braucht es nicht zu sagen, weil der Einkäufer nun selbst merkt, was für eine Verschwendung da täglich passiert und erst jetzt präsentiert der Verkäufer die Lösung:

„Bei uns ist es so: Sie rufen uns an, wir schlüsseln die Welle, liefern ihnen diese, nehmen das Altteil mit und sie bezahlen dann nur den Schaden an dem Altteil oder aber den Austauschpreis, wenn mehr defekt ist. Wie hört sich das an?"

Wenn man dieses Prinzip einmal verstanden hat, dann erfordert es zunächst sehr viel Übung und irgendwann geht es in einen gewissen Automatismus über. Mir selbst ist das alles am Anfang auch schwergefallen und ich musste es mühsam und bewusst erlernen, weil ich am Anfang mehr gesprochen als zugehört habe, obwohl ich nur einen Mund aber zwei Ohren habe.

Warum konnte ich aber nicht zuhören? Ganz einfach: weil ich keine Fragen gestellt habe. Es gibt viele Situationen, Einwände und Probleme, also habe ich mir nach jedem neuen Fall, bei dem ich eiskalt erwischt wurde, die Thematik in meinem Notizbuch aufgeschrieben und dann dazu die richtigen Argumente überlegt, oder aber mit meinem Chef oder anderen erfahrenen Kollegen besprochen und die passende Fragen dazu ausgearbeitet. Letztendlich hört man immer wieder das Gleiche und kann sich sehr leicht darauf einstellen.

Dann musste ich nur noch die Fragen stellen und die Rhetorik einfach bewusst üben und perfektionieren. Und nur so funktioniert´s! Denn derjenige, der Premiumprodukte VERKAUFEN will, muss schon dafür sorgen, dass der Kunde es verinnerlicht, warum er einen neuen Weg gehen soll und manchmal mehr bezahlen muss, als beim Wettbewerb.

Ich halte es als Pflicht des Verkäufers, sich damit zu beschäftigen WAS er WIE und WANN erzählt, damit der Kunde den Mehrwert versteht.

Das beste Beispiel einer perfekten Vorgehensweise, die Situation und Problematik zu begreifen, ist die eines Arztes. Er macht nämlich nichts anderes, als durch gezielte Fragen die Ist-Situation zu erfassen, um dann die Diagnose zu stellen und die Ursache zu bekämpfen.

Das alles macht er mit offenen Fragen indem er den Patienten dazu bringt offen zu sprechen. Die Fragen sind:

-       WAS genau haben Sie?

-       WO genau tut es weh?

-       Seit WANN genau?

-       WIE war es vorher und wie ist es jetzt?

-       WAS haben sie gegessen?

-       WIE haben Sie geschlafen? - usw.

Jede Antwort ist wie ein Puzzleteilchen und am Ende hat der Arzt das Bild komplett. Und erst dann wird er es wagen, eine Diagnose zu stellen und die Lösung zu präsentieren. Die richtigen Fragen sowie die Rhetorik sind ein Schritt zum Verkaufserfolg.

Ein weiterer Schritt ist die Selbstorganisation und Erfahrung. Zur Selbstorganisation gehören eine perfekte Tourenvorbereitung und ein gutes Berichtswesen. Und obwohl das alle Verkäufer wissen sollten, ist es leider die Hauptkrankheit im Außendienst, dass die wenigsten dieses Wissen auch tatsächlich umsetzen.

Die Unternehmen können ihre Mitarbeiter mit einer vernünftigen Software unterstützen. Da es ein wesentlicher Baustein zum Erfolg ist, werde ich später genauer darauf eingehen. Ich jedenfalls habe dieses Thema sehr ernst genommen, diszipliniert direkt nach jedem Gespräch meine Notizen gemacht und ins System geschrieben. Vor allem aber habe ich mir notiert was ich beim nächsten Mal besprechen oder erreichen will, damit ich auch in zwei Monaten, beim nächsten Besuch sofort weiß, worum es geht. An meinem Bürotag habe ich die nächste Woche immer in einer Exceltabelle akribisch geplant. Ich wusste genau, in welcher Reihenfolge, abgeglichen mit Google-Earth, ich meine Kunden anfahren werde. Der andere Punkt ist die Prozess- und Produkterfahrung. Das Problem heutzutage ist, dass Außendienstmitarbeiter ihre eigenen internen Prozesse, die Innendiensttätigkeit und auch die Hintergründe der Produktspezifikationen schlicht- und einfach nicht kennen! Das ist eine Katastrophe, weil sie sehr viel Chaos im eigenen Unternehmen verursachen.

Dabei ist die Lösung so naheliegend. Sie müssten hierfür lediglich für 1-2 Tage alle Stationen im Unternehmen anschauen. Dann wüssten sie genau, wie das Unternehmen aufgebaut ist und welcher Prozess in welchem Bereich stattfindet.
Da aber keiner bereit ist, die Zeit zu investieren - die Außendienstler, weil sie sich teilweise zu fein sind bzw. gar kein Interesse daran haben und der Unternehmer, weil er die, in seinen Augen sinnlose Zeit, nicht bezahlen will - laufen sie los, und kreieren intern durch Unkenntnis viel Chaos und Frustration für alle anderen Mitarbeiter.
Ich habe meinen Bürotag aus diesem Grunde immer in der Produktionsstätte durchgeführt und habe mir alles, aber auch wirklich alles, vom Produktionsleiter und seinen Mitarbeitern zeigen lassen. Und er wusste, immer wenn es etwas Neues gab, dass er mir von sich aus proaktiv alles nebenbei zeigen musste, weil ich es wollte. Durch den Produktionsleiter lernte ich alles über die Prozesse und auch alles über die Produkte.
Ich habe diese selbst auseinandergebaut und auch montiert und habe auf eigene Initiative hin einige Tage im Innendienst verbracht und alle internen Abteilungen besucht.
Wenn man erklärungsbedürftige Produkte verkaufen will dann ist das unerlässlich. Jeder Außendienstmitarbeiter hat das Ganze selbst in der Hand und kann die oben genannten Punkte einfordern und auch organisieren. Man muss es einfach nur tun, und es spricht tatsächlich nichts dagegen, wenn die Außendienstmitarbeiter ihrer Verpflichtung nachkommen und ihr Training selbst regeln würden. Sie wollen ja schließlich immer etwas Besonderes, Unabhängiges, Selbständiges sein und da wünsche ich mir bei so einigen mehr Selbstverantwortung und Engagement.
Der letzte Punkt ist, sich mit dem Kunden selbst zu beschäftigen und ihn zu verstehen. Ich habe mir im Internet alles über die LKWs durchgelesen, habe alle möglichen Branchenzeitungen abonniert und verschlungen und habe Messen dafür

genutzt, mein Wissen stetig zu erweitern und auszubauen. Ich bin so einigen Verbänden beigetreten und habe vor Ort bei den Kundengesprächen immer versucht, so viel wie möglich aufzunehmen. Ich persönlich habe den Direktvertrieb und die Neuakquise geliebt, vor allem mit einem coolen Chef, einem starken Unternehmen im Rücken und tollen Kollegen, auf die ich mich immer verlassen konnte. Ich war sehr erfolgreich und habe einen Neukunden nach dem anderen in meinem Gebiet geschossen.

Dann hat der Chef sich ein Konzept für den NFZ-Teilgroßhandel überlegt und auch das haben wir sehr erfolgreich umgesetzt.

Wir haben den Teilegroßhandel als Stützpunkthändler genutzt, sie für uns gewonnen und deren Verkäufer geschult, unser Produkt zu verkaufen.

So kam es, dass ich gelernt habe vor Gruppen zu sprechen, zu präsentieren und letztendlich mit den Händlern zusammen zu arbeiten und diese zu führen. Das war mal etwas Neues und hat mir richtig Spaß gemacht.

Als ich den NFZ-Markt und das Produkt an sich im Griff hatte, wollte ich mich weiterentwickeln und weitere Branchen angreifen. Der Vorteil bei einem familiengeführten Unternehmen ist es, dass man sehr nah am Chef ist, also drängte ich ihn, mir den Freifahrtschein für die Stahlwerke und die Lokomotiven zu geben.

Wir haben schon Gelenkwellen für Lokomotiven produziert, aber die Stahlwerkswelt war für uns Neuland und ich habe mich als Scout bereitgestellt. Das Gespräch war in etwa so: „Chef ich habe da einfach voll Bock drauf und die Stahlwerke sind doch bei mir direkt vor der Tür".

„Ja gut, dann mach, aber vernachlässige mir die anderen Kunden nicht und verheiz dich nicht"

Im Internet kann man genau sehen wie denn so ein Stahlwerk überhaupt funktioniert. Ein Hochofen interessierte keinen Menschen, weil es da keine Gelenkwellen gibt. In einer Stranggießanlage allerdings wird der zähe Stahl zu Brammen, Rohren oder Blöcken gegossen und da gibt es sehr viele Gelenkwellen, die vom Motor aus die Kraft auf die Rollen übertragen. Noch besser ist aber das Warmbandwalzwerk, weil hier auch sehr viele Gelenkwellen in Reihe laufen, die Rollen antreiben, die wiederum tonnenschweren Brammen bewegen und dabei stark verschleißen. Anschließend gibt es auch noch das Kaltbandwalzwerk sowie die Verzinkungsanlagen, und auch hier geht so einiges kaputt. Einfach wunderbar! Schnell war ein Termin mit der Einkäuferin, die schon etwas älter war und offensichtlich Mutterinstinkte hatte, gemacht.

Die kauften bei den weltweit größten Konzernen und zwar der Nummer 1 und der Nummer 2 und beide waren schon bei dem Anlagenbauer von vorne rein als Hauptlieferant seit Jahrzehnten dabei. Ich bat trotzdem um eine faire Chance und sicherte ihr zu, dass wir uns den Arsch aufreißen werden, um als Lieferant reinzukommen und wir den besten Service der Welt bieten. Sie sagte, dass ich und mein Auftritt ihr sympathisch sei und sie mich unterstützen wolle, ich aber die Jungs, so nannte sie die Wartungsingenieure, überzeugen müsse. Damit es für mich mit Vorankündigung durch die Sekretärin einfacher wird, ein Gespräch mit den Wartungsingenieuren zu bekommen, meldete sie mich im Vorfeld per Email dort an.

Die Termine standen und ich lernte dabei unheimlich viel, denn sie alle waren stolz, mir ihre Anlage zeigen zu können, während ich wiederrum dankbar war und mir jeden einzelnen Antrieb sorgfältig anschaute und Millionen von Fragen stellte, so dass ich nach einigen Besuchen wirklich wusste worauf es ankam.

Unsere Trumpfkarte war die Tatsache, dass wir viel schneller und fokussierter waren, als die komplexen und starren Konzerne, aber auch technisch haben wir etwas Innovatives präsentiert.

Das schwächste Glied der Kette bei einer Gelenkwelle ist das Zapfenkreuz. Dieses muss immer wieder mit einer Fettpresse abgeschmiert werden, was einen erheblichen Aufwand darstellt. Wir allerdings arbeiteten mit einem Premiumlieferanten zusammen und haben wartungsfreie Zapfenkreuze angeboten. Es war nicht nur ein geschlossenes System im Nadellager, sondern das gesamte Innenleben ist absolut optimiert worden. Und wenn diese im NFZ-Bereich so erfolgreich waren, warum denn auch nicht in so einem Stahlwerk. Das war mein Aufhänger und genau das hat gezogen!

Die Jungs wollten es ausprobieren, weil sie die Vorteile verstanden haben und wir hatten unsere ersten Bestellungen. Weiterhin haben die Jungs mir erzählt, dass wir die Anlagenbauer besuchen müssen, um die neue Technik vorzustellen, weil sie ja schließlich weltweit die Stahlwerke bauen, und da zufälligerweise der größte von ihnen und die absolute Nummer 1 in meinem Gebiet ansässig war, so konnte es doch nicht schaden auch dort mal ein Käffchen zu trinken und ihnen unser Produkt vorzustellen.

Ich war wie besessen und habe jeden Ansprechpartner in meinem Gebiet sowohl bei den Stahlwerken selbst, als auch bei den Anlagenbauern besucht und uns vorgestellt. Vertriebstechnisch ist es wichtig, dass man nicht nur das Produkt verkauft, sondern auch noch einen vernünftigen Preis erzielt und hier fängt es an so richtig spannend zu werden. Man muss Kunden den Mehrwert erklären können und das geeignete Werkzeug dafür ist der Ansatz des TCO – TOTAL COST OF OWNERSHIP. Im Prinzip ist das ein Analyseinstrument / Abrechnungsverfahren, welches dem Verbraucher hilft ALLE anfallenden Kosten abzuschätzen. Es werden nicht nur die Anschaffungskosten berücksichtigt, sondern ALLE Aspekte der späteren Nutzung. Beispiel: Wenn Fahrzeug A des gleichen Segments 2.000 EUR günstiger ist als Fahrzeug B, dann müsste man sich doch eigentlich für Fahrzeug A entscheiden, wenn man lediglich auf die Anschaffungskosten schaut.

Überprüft man aber auch die Folgekosten wie Versicherung, Steuern, Kraftstoffverbrauch, Wartungsintervalle und Reparaturanfälligkeit auf die jeweilige Situation, dann kann es durchaus sein, dass Fahrzeug B am Ende günstiger ist, als Fahrzeug A. Die Fragen, die sich jedes Unternehmen bzw. der Vertriebsmanager als Ausgangslage stellen sollte, sind:

- Wie kann man sich von seinem Wettbewerber unterscheiden außer über den Preis?

- Argumentiert man im Vertrieb zu technisch?

- Werden die betriebswirtschaftlichen Aspekte in der Argumentation ausreichend beachtet?

- Hat man wirklich den richtigen Kundenkontakt zum Entscheider oder etwa nur zum Beeinflusser?

- Werden dem Kunden die Vorteile von ganzheitlichen strategischen Kunden-Lieferanten-Beziehungen nachvollziehbar dargestellt?

- Steht der Angebotsaufwand immer einer realen Erfolgschance gegenüber oder wäre die Energie woanders besser investiert?

- Wie ist sichergestellt, dass durchschnittliche Außendienstmitarbeiter von den besten lernen?

- Werden die Vertriebsaktivitäten durch ein transparentes Vertriebssteuerungssystem unterstützt?

- Ist der Vertrieb so gut oder auch so schlecht wie der einzelne Außendienstmitarbeiter?

Der Marketingberater Hubert von Zastrow bringt zusätzlich die heutige Herausforderung ein Premium Produkt zu verkaufen sehr schön auf den Punkt:
„Die Beweislast für gleichwertige Qualität liegt nicht mehr beim angreifenden, preiswerten, internationalen Wettbewerber, sondern beim deutschen Markenhersteller als Verteidiger, denn Preise sind grundsätzlich einfacher zu verstehen als Argumente!"

Das heißt letztendlich, dass VERKÄUFER als Berater, Partner und „Versicherer" des Kunden angesehen werden und nicht als Anbieter von Standardware. Er muss das Geschäft des Kunden verstehen und ihm eine Lösung bieten, die seinen Wettbewerbsdruck lindern. Er soll ferner Entscheidungen herbeiführen, die nicht auf dem Stückpreis, sondern den Gesamtkosten basieren, denn wichtiger als der Stückpreis sind die Gesamtkosten.

Die Gesamtkostenlösung setzt voraus, dass man die Auswirkungen auf die Gewinn– und Verlustrechnung des Kunden in 4 charakteristische Bereiche konkret nachweisen kann:

Einnahmen: Können Ausfallzeiten reduziert, Produktionsvolumina erhöht, oder neue Produkte rascher auf den Markt gebracht werden?

Ausgaben: Lassen sich Produktionsausschüsse und dadurch die Rohstoffkosten verringern? Können die Aufwendungen für Reparaturen und damit für Ersatzteile gesenkt werden?

Personal: Lässt sich Wartungsaufwand reduzieren? Kann man auf diese Weise Arbeitskräfte für andere Tätigkeiten freisetzen?

Sachlagen: Lassen sich die laufenden Kosten für den Besitz einer Maschine oder Anlage senken? Nun ist es auch noch wichtig zu verstehen, WEM genau man ein Konzept vorstellen muss und welche 5 Funktionen es im Entscheidungskreislauf,oder auch BUYING-CENTER genannt, überhaupt gibt. In Klammern nenne ich ein Beispiel eines gängigen Produktionsbetriebes:

Beeinflusser (Qualitätswesen): sind Personen, die formal nicht am Kaufprozess beteiligt sind, aber über ein Beschaffungsobjekt durch (informelle) Einflussnahme mitentscheiden: Z.B. durch Festlegung von bestimmten Normen, technischen Mindestanforderungen, oder durch eine Informationspolitik, die die Wahlentscheidung zwischen verschiedenen Alternativen beeinflusst („Lassen Sie die Finger von denen, wir haben damit nur schlechte Erfahrungen gemacht").

Benutzer (Instandhalter): sind die Personen, die später mit dem Produkt arbeiten. Sie haben häufig eine Schlüsselstellung im Beschaffungsprozess, da sie Erfahrungsträger im Hinblick auf die Qualität der Produkte sind. Ihr Einsatzverhalten bei der Nutzung zu kaufender Produkte bestimmt wesentlich, ob das gekaufte Produkt zweckadäquat eingesetzt wird oder nicht. Somit entscheiden die Benutzer häufig über den Erfolg einer Beschaffungsaktion. („Wir werden dem Chef schon zeigen, dass die, gegen unseren Willen beschaffene Lösung eine Fehlentscheidung ist")

Einkäufer: werden solche Organisationsmitglieder bezeichnet, die aufgrund ihrer formalen Kompetenz Lieferanten auswählen und Kaufabschlüsse tätigen. Sie gehören in der Regel der Einkaufsabteilung eines Unternehmens an und haben insbesondere Einfluss auf die Lieferanten.

Informationsselektierer (Einkaufssachbearbeiter): steuern den Informationsfluss im und in das Buyingcenter. Assistenten von Entscheidungsträgern üben durch ihre Entscheidungsvorbereitung so zum Beispiel einen direkten Einfluss auf die Entscheidung („Das braucht der Chef nicht zu wissen")

Entscheider (Produktionsleiter/Chef): werden die Organisationsmitglieder bezeichnet, die aufgrund ihrer Machtpositionen letztendlich die Auftragsvergabe bestimmen. Bei Großinvestitionen nimmt diese Funktion häufig ein Mitglied der Unternehmensleitung war. Wie gesagt, die Beispiele hier sind jetzt für ein Produktionsunternehmen gewählt, man kann es aber auch für eine Behörde, ein Krankenhaus, eine Partei oder eine Bank nutzen.

Es geht bei dem Modell nicht nur um den reinen Warenverkauf. Man kann sich daran orientieren, wenn man zum Beispiel im Unternehmen Karriere machen will und eine andere höhere Position anstreben möchte.
Sind einem die Rollen der Personen bekannt, sollte man sich auch noch mit dem Menschen an sich beschäftigen und zwar mit all seinen Sinnes- und den Wahrnehmungskanälen. Hierfür möchte ich die Ansätze des NLP schildern, und ich kann jedem solch ein Seminar ausdrücklich empfehlen, um das, was ich im Folgenden schildern werde, selbst zu erfahren.
Neurolinguistisches Programmieren untersucht die Muster bzw. die Programmierung, die durch Interaktion zwischen dem Gehirn (NEURO), der Sprache (LINGUISTIK) und dem Körper kreiert werden. NLP geht davon aus, dass jeder Mensch alle Ressourcen hat, die er braucht, um seine Probleme zu lösen, allerdings nutz er diese nicht immer.
Das Ziel der Veränderungsarbeit im NLP ist die Flexibilisierung des Verhaltens – eine Aktualisierung der persönlichen „Landkarten". Das Bild von der Welt entsteht durch Wahrnehmung über 5 Sinne:

VISUELL durch SEHEN

AUDITIV durch HÖREN

KINÄSTHETISCH durch FÜHLEN

OLFAKTORISCH durch RIECHEN

GUSTATORISCH durch SCHMECKEN

Im technischen Vertrieb ist es schwierig jemanden über das Riechen oder Schmecken zu erreichen, es sei denn er leckt an dem Fett, aber wenn man weiß, dass er durch Fühlen die Sachen besser „BEGREIFFT" als durch das Sehen indem er sich „EIN BILD MACHT" oder aber durch das HÖREN, indem sich etwas für ihn „GUT ANHÖRT", dann kann man sich auf ihn einstellen und dadurch mehr erreichen.

In einem Seminar lernt man feinfühlig auf die Sprachauswahl und das Verhalten zu achten, und mit ein wenig Bewusstsein und Übung kann man tatsächlich den Gesprächspartner lesen, und auf dem gleichen Kanal kommunizieren. Ich habe mir das Wissen über das eben Beschriebene auch in einem Seminar an der Volkshochschule angeeignet, weil ich das unheimlich spannend fand, und nun konnte ich es automatisch und intuitiv anwenden.

Es geht nie darum jemanden zu manipulieren, sondern lediglich darum ihn besser zu erreichen! Die meisten Benutzer und Instandhaltungsleiter sind Ingenieure und die Jungs haben eine angeborene Affinität für die Technik, also habe ich Ihnen jedes auch nur kleinste Detail der Zapfenkreuzentwicklung, inklusive der Dichtung, der Rollenbeschaffenheit, der einzelnen Materialien sowie des Fettes und der Gesamtkomposition präsentiert.

Waren sie eher kinästhetisch veranlagt, so habe ich Ihnen ein Muster in die Hand gedrückt und sie haben damit rumgespielt und die Vorteile dadurch besser erfasst. Waren sie visuell geprägt, dann habe ich es am Laptop mit vielen Bildern veranschaulicht. Oft sind es die Kleinigkeiten, die den Unterschied zwischen Erfolg und Misserfolg ausmachen!

Den Einkäufern und Entscheidern habe ich die Vorteile der Wartungsfreiheit durch das Nachhaltigkeitskonzept TCO präsentiert, indem ich Fragen zur BESTELLUNG, WARTUNG und LOGISTIK stellte, und ich habe sie dazu angeleitet, es selbst auszurechnen, dass sich der Wechsel zu uns und die Investition definitiv lohnen.

Am Ende kam immer die gleiche Frage: „Was muss ich tun um Systemlieferant zu werden?"

Es gibt 3 Beschaffungsstrategien:

SINGLE SOURCING: Jede Produktgruppe wird von nur einem Anbieter abgedeckt

DUAL SOURCING: In einem Mischverhältnis wird alternierend zwischen zwei Anbietern gewechselt.

MULTIPLE SOURCING: Jede Produktgruppe wird durch mehrere Anbieter abgedeckt.

Mein Ziel war, und das habe ich immer klar, deutlich und unmissverständlich kommuniziert, dass ich ein komplexes FUNKTIONSSYSTEM liefern und stabilisieren will. Um die Vorteile der Single Sourcing Phase zu erläutern habe ich als Beispiel den Bestellablaufprozess aufgedröselt und vorgestellt, wie aufwendig es doch tatsächlich ist und wie effizient es doch wäre, sich die einzelnen Schritte zu sparen, wenn man die Gesamtprozesskosten auf 5 – 10 Jahre betrachtet.

Und das sind die einzelnen Schritte:

Konzeptphase: Erstellung Lastenheft (WAS) & Pflichtenheft (WIE)

Sondierungsphase: Lieferantensuche, Lieferantenauswahl

Anfragephase: Erstellung, Versendung, Klärung technischer Details, etc.

Angebotseinholungsphase: Angebotsprüfung

Angebotsbewertung: Bewertung, Gewichtung, Lebenszykluskostenrechnung

Anbieterauswahl: Erstverhandlung – Preis, Lieferzeit, Konditionen

Nachverhandlungsphase: Nachverhandlung

Kaufabwicklungsphase: Auslösung der Bestellung

Das gleiche habe ich mit dem **Wartungsprozess** und der **Logistik** gemacht.
Vielen habe ich erst da die Augen geöffnet und sie dazu gebracht, sich damit zu beschäftigen.
Natürlich hat das nicht immer gezogen, aber hey, sie haben mir zugehört und mich respektiert.

Das, was ich erzählt habe, hat bewiesen, dass sich endlich mal jemand etwas Neues hat einfallen lassen.

Und ja, wir bekamen immer mehr Anfragen und letztendlich auch immer mehr Aufträge.

Nach dem gleichen Konzept wurden die Papierwerke und auch die Schienenfahrzeugreparateure bedient. Ich habe wirklich den Job und das Familienunternehmen geliebt, zumal ich auch direkt an den Chef berichtet habe, und er unter anderem daraus seine Entscheidungen und Investitionen sehr schnell und unkompliziert getroffen und umgesetzt hat.

Manche Sachen hat er einfach mal so aus dem Bauch entschieden und dann ging es los. Die Ereignisse haben sich überschlagen und wir haben uns als Unternehmen rasant weiterentwickelt. Klar war nicht immer alles rosig und klar habe ich auch so einige Fehler gemacht.

Aber das Entscheidende war, dass ich sie machen durfte und letztendlich konnte ich mich dadurch am besten weiterentwickeln.

Nun aber schlich sich schon wieder eine leichte Monotonie ein und es musste wieder etwas Neues her. Aber was? Meine Branchen und das Unternehmen lagen mir einfach und ich habe vieles durch Verbände, Bücher und Fachzeitschriften aufgeschnappt und schnell umgesetzt.

Aber mir fehlte die Substanz zu mehr und wenn ich mal Menschen führen und große Strategien entwickeln wollen würde, dann müsste ich schon etwas mehr vorweisen. So habe ich zumindest damals gedacht, also begann ich kurzerhand ein Studium an der Verwaltungs- und Wirtschaftsakademie in Essen zu Marketing und Vertriebsökonomen.

Der Unterricht hat drei bis vier Mal in der Woche jeweils von 18.00 Uhr bis 21.00 Uhr stattgefunden, und einmal im Monat auch am Samstag. Natürlich war das ganze sehr anstrengend, da es neben dem Job lief. Auf der anderen Seite habe ich endlich mal die ganze Theorie zu vielem, was ich ohnehin schon umgesetzt habe, verinnerlicht. Wenn man so ein Abendstudium erst einmal anfängt und sich gut organisiert, dann läuft es nachher wie von alleine, weil man ja schließlich auch eine gewisse Leidenschaft zu den Themen innehat.

Gerade die marketing- und vertriebsorientierten Gebiete habe ich förmlich aufgesogen! Job und Studium liefen, aber das ganze hatte ungeplant Auswirkungen auf mein Privatleben.

Wie gesagt, meine damalige Freundin war sechs Jahre älter als ich und so langsam verspürte sie das Gefühl nun doch etwas ernster zu machen. Sie hat mich bei allem was ich tat immer unterstützt und ich tat es im Umkehrschluss auch, aber nach einer sechsjährigen Beziehung konnte ich leider für mich selbst nicht voller innerer Überzeugung sagen: Jawohl, das ist genau die Frau, mit der ich Kinder haben, und mit der ich auf ewig zusammen leben möchte.

Ich habe sie geliebt, aber irgendwie mehr als eine Schwester, also nicht so wie es eigentlich sein sollte. Und so kam es, dass ich mich kurzerhand in eine Mitstudentin verguckt habe.

Sie hatte zwar eine andere Fachrichtung studiert, aber einige Grundkurse haben wir gemeinsam besucht. Ich habe mich verliebt, fackelte nicht lange, lud sie auf einen Kaffee ein, trennte mich von meiner Freundin.

DIE VERTRIEBSLEITUNG

Meine Mitstudentin trennte sich von ihrem Verlobten und wir kamen zusammen. Ich wusste, dass sie die Richtige war, deswegen machte ich Nägel mit Köpfen und der ganze Prozess dauerte nur zwei Wochen. Im Prinzip kannten wir uns ja nicht, aber sind volles Risiko gegangen und zunächst umgehend in ein kleines, möbliertes Appartement in Dortmund gezogen, und haben uns dann eine schöne Wohnung in Bochum, direkt an der Ruhr genommen.

Nun, ich bin felsenfest davon überzeugt, dass es das Schwierigste im Leben ist, den geeigneten Partner fürs Leben zu finden, und ich war und bin bis heute unheimlich froh, dass ich behaupten kann, diesen für mich gefunden zu haben. Das erleichtert nämlich so einiges.

Das Abendstudium hatte aber auch andere Vorteile: Ich habe die theoretischen Grundlagen zur Vertriebsleitung und Steuerung gelernt, was mich nun wiederrum auf meinen nächsten Karriereschritt gebracht hat. Also, viele Menschen machen den großen Fehler und warten auf die eine große Chance - und das meistens leider bis zur Rente. Denn, auch wenn sie sehr gut sind, in dem was sie tun, und sich fortbilden, so schafft es irgendwie immer ein anderer aufzusteigen. Der Grund liegt darin, dass die Leistung in der Fachrolle, in der sie stecken, allein einfach nicht ausreicht, um Führungskraft zu werden. Sie wollen es nicht wahrhaben, dass sie selbst die Verantwortung für ihr Handeln übernehmen und z.B. in sich selbst in Form von Seminaren oder Fortbildungen investieren müssen. Doch auch das reicht oft nicht aus.

Man muss auch in der Lage sein, sich intern politisch zu verkaufen! Die meisten allerdings warten darauf, dass das Unternehmen auf sie zukommt und sind empört darüber, dass nichts passiert. Ich habe mich stets fortgebildet und war der erfolgreichste Verkäufer. Aber wie schafft man es auf sich selbst aufmerksam zu machen, und die Vertriebsleitung zu übernehmen?

Zunächst habe ich regelmäßigen Kontakt zu dem aktuellen Vertriebsleiter gehalten und seine Fehler für mich analysiert. Die Kernprobleme konnte man auf zwei Punkte reduzieren.

Erstens: er war zwar eine coole Sau und ein Top Verkäufer, aber ihm fehlte das theoretische Werkzeug zur Vertriebsführung sowie auch das Händchen für die verschiedenen Charaktere.

Zweitens schien er kein eigenes Konzept zu haben, sondern führte das aus, was der Chef ihm aufgetragen hat. Er wurde immer frustrierter, müder und es tat mir wirklich leid, aber es war nur eine Frage der Zeit bis er aufgibt.

Also habe ich mir die Zeit genommen und mir ein Konzept und eine Strategie überlegt und eine Präsentation ausgearbeitet, WAS ich WO und WIE und bis WANN machen würde. Nachdem nun, wie erwartet, der Vertriebsleiter entkräftet gekündigt hat, habe ich genau den richtigen Zeitpunkt abgewartet, und um einen Termin beim Chef gebeten. Obwohl ich gerade mal dreißig wurde habe ich ihn überzeugt.

Er konnte gar nicht anders, als mir sein Vertrauen zu schenken und mir die weltweite Vertriebsleitung zu übergeben.

Ich forderte allerdings noch ein wenig Vorbereitungszeit und ein professionelles Führungskräfteseminar, was ich dann auch bekommen habe.

Dieses Seminar sowie die Vorbereitung waren in der Situation für mich unheimlich wichtig, weil ich vom Kollegen nun zum Vorgesetzten aufsteigen sollte, und ich zwar sehr erfolgreich, aber verhaltenstechnisch häufig der Spaßvogel war. Ferner waren die Männer, Handelsvertreter sowie Agenten, die ich führen sollte, in doch so einigen Fällen fast doppelt so alt wie ich... Also bereitete ich mich akribisch vor und versuchte die Antworten auf folgende Fragen zu erörtern: Was bedeutet „Führung" überhaupt? Wie soll ich mit den unterschiedlichen Charakteren umgehen? Wie soll ich die weltweiten Handelsvertreter und Agenten, die nicht nur unser Unternehmen vertreten, vernünftig führen? Wie soll ich denn die neuen Verkäufer und meinen direkten Nachfolger ausbilden?
Nun, zunächst fand ich die Definition von Führung von Oswald Neuberger am besten:

„Führen heißt: - andere Menschen zielorientiert - in einer formalen Organisation - unter konkreten Umfeldbedingungen dazu zu bewegen, Aufgaben zu übernehmen, - wobei humane Ansprüche gewahrt bleiben."

Da wir als Unternehmen so stark gewachsen sind, hat der Chef mit weiser Voraussicht einen eigenen Unternehmensentwickler eingestellt, der eine professionelle Struktur formen sollte. Ich schätze ihn bis heute sehr, weil er ein hervorragender Gesprächspartner ist, und ich ihn zu dem damaligen Zeitpunkt als meinen persönlichen Berater und Coach aufgrund seiner Kompetenz und Erfahrung nutzte.
Dieser hat quasi zeitlich parallel zu meiner Vertriebsleiterfunktion das „EFQM" Model in unserem Unternehmen eingeführt.
Die Organisation der European Foundation for Quality Management hat dieses Model für Business Excellence zur nachhaltigen Unternehmensentwicklung erstellt, und wir Führungskräfte haben uns mit ihm als Mediator daran orientiert.

Das sind übrigens die Grundkonzepte bzw. Annahmen des EFQM:

-   Ausgewogene Ergebnisse erzielen

-   Nutzen für Kunden schaffen

-   Mit Vision, Inspiration und Integrität führen

-   Mit Prozessen managen

-   Durch Mitarbeiter erfolgreich sein

-   Innovation und Kreativität fördern

-   Partnerschaften aufbauen

-   Verantwortung für eine nachhaltige Zukunft übernehmen

Ich habe mich damit absolut identifiziert und dann als Führungskraft stets versucht, folgende Fragen zu den Erfolgsfaktoren zu beherzigen:

Führung – Bin ich eine gute Führungskraft?

Mitarbeiter – Wie werden die Mitarbeiter behandelt?

Strategie – Gehen wir strategisch vor?

Resourcen – Nutzen wir die Dinge die wir brauchen?

Prozesse – Wie setzen wir Dinge um?

Mitarbeiterbezogene Ergebnisse– Arbeiten die Mitarbeiter gerne hier?

Kundenbezogene Ergebnisse – Sind die Kunden zufrieden?

Gesellschaftsbezogene Ergebnisse – Wie verhalten wir uns gegenüber der Außenwelt?

Schlüsselergebnisse – Erreichen wir was wir wollen und so viel wir wollen?

Das EFQM Model beschreibt sehr schön die Organisation und die Umfeldbedingungen aus der Führungsdefinition. Ein anderer wesentlicher Aspekt ist die ZIEL-ORIENTIERTHEIT. Diesbezüglich hat der Unternehmensentwickler das „FÜHREN MIT ZIELEN" eingeführt. Auch diesen Aspekt habe ich verinnerlicht, weil ich es sowohl beruflich, als auch privat für unabdingbar halte.

Ziele geben die Richtung vor: „Wer nicht weiß, wo er hinwill, der wird sich wundern, dass er ganz woanders ankommt!" (Mark Twain)

Ziele erfordern Ergebnisse: Wenn es kein Ziel gibt, gibt es auch keinen Maßstab, um den Fortschritt in Richtung Ziel zu erfassen!

Ziele motivieren zu Leistungen: Ohne Ziele gibt es keinen Grund, sich aus der „Komfort-Zone" herauszubewegen!

Ziele verändern unser Selbstbild: Ziele stärken unser Selbstbewusstsein und unsere persönliche Weiterentwicklung!

Ziele verändern unsere Psyche: Ziele schaffen Klarheit über unsere Prioritäten und ordnen unseren Alltag!

Ziele sind wichtig, um erfolgreich zu sein!

Ziele zwingen uns, stets eine Verbesserung des bisher Erreichten anzustreben! Nun, strukturell fühlte ich mich auf die neue Rolle sehr gut vorbereitet, aber strategisch gesehen wollte ich ebenfalls eine Veränderung einführen. Dafür analysierte ich selbst mein Verhalten als Vertriebsmitarbeiter auf EFFEKTIVITÄT und die EFFIZIENZ, wobei ich zunächst einmal die Begriffe kurz zusammenfassen möchte.

Effektiv heißt, die richtigen Dinge tun, während effizient meint, dass man die Dinge richtig tut. Ich bringe mal ein Beispiel aus meinem privaten Umfeld, weil es für den Erfolg unheimlich wichtig ist, diese genau zu verstehen und auseinander zu halten: Ich habe mir ein Swimmingpool für den Garten gekauft, allerdings musste ich diesen täglich säubern, weil mein Tannenbaum daneben ständig genadelt hat. Mein Ziel war es also den Baum zu fällen und als Kaminholz zu verwenden. Alle Maßnahmen, die ich ergreifen würde, um diesen Baum am Boden liegen zu haben, also das Ergebnis zu erreichen, sollen effektiv sein.

Nehmen wir nun weiter an, ich hätte 2 Tage Zeit, den Baum mit einer Handsäge zu bearbeiten, dann wäre es trotzdem effektiv, weil ich im Sinne meines Zieles, nämlich dem Fällen des Baumes, arbeiten würde. Wenn ich allerdings den Baum so schnell wie möglich fällen und in Stücke sägen möchte, weil ich nur eine Stunde Zeit habe, dann wäre ich mit einer Kettensäge nicht nur effektiver, sondern auch noch effizient. Mit der Kettensäge würde ich nämlich mein Ziel mit möglichst geringem Aufwand sehr schnell erreichen.

Als ich in meinem Gebiet unterwegs war, habe ich auf der Tour an einem Tag alle unterschiedlichen Branchen und Ansprechpartner besucht. Übertrieben dargestellt, war ich morgens bei einer freien Werkstatt, dann bei einem NFZ-Teilegroßhändler, dann bei einem Lokomotivreparateur und dann in einem Papierwerk. Wir haben letztendlich alles, allerdings nichts davon richtig gemacht.

Ich persönlich konnte meine Prioritäten setzen und habe für mich entschlossen, mich auf die Stahlwerke zu konzentrieren. Allerdings wusste ich, dass die meisten mit den zusätzlichen Branchen überfordert waren. Also habe ich im ersten Schritt die Kollegen auf die NFZ- und die Industrie Branche aufgeteilt.

Weiterhin war mir zu dem Zeitpunkt schon bewusst, dass es später in der Industrieabteilung selbst wiederum eine Aufteilung geben würde, weil die Abläufe und Anforderungen in einem Stahlwerk nun mal etwas anderes sind als bei einer Lokomotiv-Reparaturwerkstatt und ein Baumaschinenproduzent ebenfalls anders als eine Werkstatt agiert.

Durch diesen Schritt konnten sich die Außendienstler viel besser mit den Branchen auseinandersetzen, um den Kunden besser zu verstehen und dort Ihre Erfahrungen zu sammeln.

Die Handelsvertreter in den anderen europäischen Ländern kosteten zunächst kein Geld, also ließ ich sie laufen. Zu Asien komme ich später. Gleichzeitig zu der Gebietsstrukturänderung wurden von mir neue Mitarbeiter eingestellt und ich beschäftigte mich mit der Frage, was einen top Vertriebsmitarbeiter eigentlich ausmacht.

Letztendlich kann ich es auf drei Kompetenzen reduzieren:

SOZIALKOMPETENZ oder auch EMOTIONALE INTELLIGENZ genannt.
Hier sind Fähigkeiten wie Höflichkeit, Takt, Mitgefühl und Kommunikation gefragt. Es geht darum, eigene und andere Gefühle (korrekt) wahrzunehmen, zu verstehen und zu beeinflussen. Die Empathie ist ein wesentlicher Baustein, denn ein Mensch, der erkennt, was andere fühlen, kann früher versteckte Signale im Verhalten anderer erkennen, und herausfinden, was sie können oder wollen. Die Empathie ist, so glaube ich, für mich eine meiner stärksten Eigenschaften und ich glaube, dass ich diese in meiner Kindheit durch das ständige „Anpassen müssen" entwickelt habe.

FACHKOMPETENZ Hier geht es um die Produktkenntnis, und in meinem Fall, um das technische Wissen. Man muss das eigene Produkt, insbesondere wenn es erklärungsbedürftig ist, und alles was damit zusammenhängt, verstehen.

Dazu zähle ich auch die eigenen Unternehmensstrukturen und Prozesse. Viele Vertriebsmitarbeiter bekommen Produktschulungen, geben sich mit einem gefährlichen Halbwissen zufrieden und ziehen durch die Lande. Das ist nach wie vor der größte Fehler den so viele Unternehmer begehen und tolerieren, dass er begangen wird. Der Mitarbeiter müsste jede einzelne Abteilung durchlaufen und die Sorgen und Nöte aller internen Ressourcen erleben, um die einzelnen Abläufe zu verinnerlichen. Er sollte die Einzelkomponenten kennen und die Wechselwirkungen verstehen.

METHODENKOMPETENZ Hier geht es um eigene Strukturierung und Lösungsfindung. Der Mitarbeiter muss sich organisieren können und ein ausgewogenes Zeitmanagement haben.

Er muss WICHTIGES vom DRINGENDEM unterscheiden können, denn nicht alles, was wichtig ist, muss unbedingt so schnell wie möglich erledigt werden, und nicht alles was dringend zu sein scheint ist auch wirklich wichtig. So einfach sich das hier anhört, so scheint es, den meisten Mitarbeitern größte Schwierigkeiten zu bereiten, ihre Prioritäten hier zu setzen.

Aus diesen drei KOMPETENZEN entsteht die HANDLUNGSKOMPETENZ.

Macht die Führungskraft ihre Hausaufgaben und fördert diese drei, dann sorgt sie dafür, dass der Mitarbeiter in entsprechenden Situationen SELBSTSTÄNDIG, verantwortlich sowie sach- und fachgerecht Probleme und Aufgaben lösen kann.

Ich habe es als meine Verantwortung angesehen die Menschen bei Ihrer Entwicklung zu unterstützen und das mit voller Leidenschaft. Ich habe, und das habe ich von Anfang an kommuniziert, es nicht als meine Aufgabe angesehen, sie zu motivieren. Meine Philosophie ist, dass man erwachsene, selbstständige Menschen nicht wie Kinder behandeln sollte.
Wenn man einen vernünftigen Rahmen und eine gesunde Feedbackkultur schafft, dann sorgt man dafür, dass die Menschen in der Lage sind, sich von innen heraus zu motivieren. Sie brauchen dann keinen, der mit einer Peitsche oder aber mit einem Bonbon versucht sie zu mehr Leistung zu manipulieren. Es ist leider erschreckend zu sehen, wie viele Unternehmen und Führungskräfte das Ganze nicht verstanden haben, und nicht nur sich selbst, sondern auch die Mitarbeiter verheizen oder innerlich verkümmern lassen.
Die meisten Führungskräfte leider auch deshalb, weil sie selbst nicht vernünftig geschult worden sind, und somit das Werkzeug zur Führung schlicht nicht besitzen. So weit so gut, allerdings beschäftigte mich auch noch die Frage, wie ich denn auf die unterschiedlichen Menschen passend einwirken kann, denn alle Individuen sind ja bekanntlich einzigartig und es gibt nicht ein Mittel für alle.

Das Modell der „Situativen Führung" schien mir sehr gut als Orientierungshilfe zu dienen. Es war tatsächlich so, dass meine Mitarbeiter in vier Entwicklungsstufen unterteilt werden konnten. Ich hatte einen aus der Gruppe zum Leitwolf und meinen persönlichen Berater auserkoren.

Er stand kurz vor der sechzig, war absolut erfahren und 15 Jahre im Unternehmen. Was auch immer ich ausgearbeitet habe, wurde mit ihm im Vorfeld besprochen und er war in alle Themen und Entscheidungen einbezogen. Das war eine WIN-WIN Situation für beide. Er hat es mir hoch angerechnet, dass ich seinen Erfahrungsschatz schätzte, er fühlte sich dadurch gebraucht, und ich nutze Ihn und sein Wissen für die anderen, wenn ich etwas durchsetzen wollte.

Und das war natürlich leichter, wenn er hinter mir stand. Er war sehr reif und hatte sowohl eine hohe Kompetenz als auch ein hohes Maß an Engagement. Ich musste lediglich die Sachen zu ihm delegieren, weil er genau wusste, was zu tun war und ich mich zu 100% auf ihn verlassen konnte. In vielen Fällen habe ich ihm sowohl die Verantwortung als auch die Durchführung vollständig übergeben. Ein weiterer Mitarbeiter war ziemlich erfahren, hatte allerdings ein schwankendes Engagement. Mal war er gut und mal weniger gut drauf. Ich kannte ihn, deshalb war ich drauf vorbereitet, dass er mich bei der Umsetzung neuer Vorgehensweisen herausfordern würde und wartete lediglich auf die Frage von ihm:

„Du warst doch früher als Kollege selbst gegen so manches was Du nun einführen willst. Wie sollen wir dich denn jetzt für voll nehmen?"

Meine Antwort: „Früher als Verkäufer hatte ich eine andere Funktion und eine ganz andere Rolle sowie Verantwortung als jetzt als Vertriebsleiter. Ich habe Euch erklärt wie wichtig so eine detaillierte Jahreszielplanung ist und ihr habt es befürwortet. Können wir nun weitermachen oder gibt es da noch etwas zu klären?"

Nachdem das auch erledigt war, habe ich auch Ihn an Entscheidungen und Zielsetzungen beteiligt. Die dritte Entwicklungsstufe beschreibt einen Kollegen, der mittelmäßig lang bei uns war und somit sowohl die Fachkompetenz als auch das Engagement noch nicht ganz ausgereift war. Diesen Mitarbeiter habe ich durch Mitreisen enger betreut, ihn mit den erfahrenen Kollegen mitreisen lassen und zielgerecht trainiert, um ihn zu entwickeln. Während die anderen beschriebenen Kollegen nicht so sehr bei mir im Fokus standen, so habe ich mich auf diesen Kandidaten hingegen sehr wohl konzentriert.

Er brauchte eine klare Struktur und ich überwachte sorgfältig die Aufgaben.

Zu guter Letzt beschreibt die vierte und letzte Entwicklungsstufe, meist neue Kollegen, die sehr wenig Fachkompetenz besitzen, allerdings dafür umso mehr Engagement, weil sie noch voller Elan sind. Natürlich habe ich mich auch auf diese fokussiert und ihnen eine klare Struktur geschaffen und sie am Anfang häufig kontrolliert. Alle meine Mitarbeiter haben Ihre eigene Jahreszielplanung erarbeitet und mir vorgestellt. Sie haben Ihre Wochentour an Ihrem Bürotag geplant, organisiert und im Vorfeld zu mir geschickt. Das hat Ihnen geholfen sich während der Tour auf das Wesentliche zu konzentrieren.

Um Sie dabei zu unterstützen habe ich die EDV auf die Anforderungen der Mitarbeiter ausgerichtet und ein CRM (Customer-Relationship-Management) System passend für uns entwickelt. Daten wie Umsätze, Verkaufspreise, Berichte, Ansprechpartner, Angebote, Reklamationen, etc. wurden per Knopfdruck in brauchbare, wie von Zauberhand erstellte Informationen für die Tour aufgeführt.

Ich hatte einen riesen Vorteil gegenüber allen Managern dieser Welt, weil ich aus eigener Erfahrung genau wusste, was gebraucht wird.

Heutzutage sind Scharen von Außendienstmitarbeitern damit beschäftigt Daten zu pflegen, damit das höhere Management, welches meistens überhaupt keine Ahnung von der Basis hat, irgendwelche Auswertungen ziehen kann.

Mein Prinzip war ziemlich simpel: Erstelle ein System, welches das Leben und den Arbeitstag erleichtert. Ich war sehr stark vernetzt mit vielen anderen Vertriebsleitern und wenn wir uns über das CRM ausgetauscht haben, dann haben sie, zu meinem Erstaunen, große Augen bekommen, wenn ich mein System vorgestellt habe. Ich habe die EDV auf unsere Anforderung angepasst und somit eine professionelle Plattform geschaffen.

Die Struktur und Aufgabenverteilung in Deutschland war nun aufgestellt und geregelt. Die Vertriebsmitarbeiter waren nach Gebieten für den NFZ und INDUS-TRIEBEREICH aufgeteilt. Später habe ich das Ganze noch mehr verfeinert und einen Mann nur für die NFZ- Teilegroßhändler eingestellt, weil das eine besondere Vorgehensweise bedurfte und wir deren Außendienstmitarbeiter schulen und coachen mussten. Die NFZ Teilegroßhändler bedienten die Endverbraucher wie Stadtwerke, Busbetriebe, Speditionen und freie Werkstätten. Unsere eigenen Leute dagegen die Vertragsniederlassungen und Werkstätten. Den Industriebereich habe ich in Europa nach Branchen aufgeteilt, und zwar nach Schienenfahrzeugen, Stahl & Papierwerken und Fahrzeugherstellern wie Baumaschinen, landwirtschaftlichen und sonstigen Fahrzeugen. Dies ermöglichte eine Konzentration auf die jeweilige Branche, was meinen Jungs dabei geholfen hat, die besonderen Anforderungen zu verstehen, den Wettbewerb des Kunden und unseren eigenen zu kennen, und sich auf die Besonderheiten der jeweiligen Branchen einzustellen. Im NFZ Bereich hatten wir in den anderen europäischen Ländern Handelsvertreter.

Wie gesagt, da diese kein Geld kosten und nur Geld verdienen, wenn Umsätze laufen, habe ich lediglich die Ziele definiert und habe nur in besonderen Fällen eingegriffen, außer bei unserem polnischen Handelsvertreter.

Aus Heimatverbundenheit und weil ich sowohl ihn, als auch seine Mitarbeiter sehr mochte, bin ich mit ihm mehrfach durch Polen gereist und habe ihn besonders unterstützt. Ich fand es wirklich toll zu sehen, wie sich dieses Land wirtschaftlich entwickelt hat und es tatsächlich immer bunter wurde.

Traditionell beschwerten sich natürlich alle Polen, was einfach in den Genen steckt, aber ich bin wirklich stolz und froh über die Entwicklung des Landes. Früher war es so, dass ich in Polen der Nazi und in Deutschland der blöde Pollak war.

Mit dem heutigen Selbstbewusstsein würde ich es so ausdrücken: Ich bin stolzer Europäer mit einem warmen polnischen Herz und einem scharfen deutschen Verstand. Kurz zusammengefasst: Europa hatte ich im Griff!

Aber jeder, und dazu gehörten wir auch, machte irgendwie auch Geschäfte in Asien. Wir hatten eine chinesische Mitarbeiterin und einen eigenen Vertriebsmitarbeiter in Shanghai.

Der technische Geschäftsführer kümmerte sich darum, aber eines Tages fragte mich der Chef: „Robert, warum machen wir eigentlich nichts in Indien? Da sind doch so viele Stahlwerke und du kennst Dich doch so gut mit Stahlwerken aus, oder nicht?" „Soll ich mich nicht lieber um die Chinesen kümmern?" fragte ich „Nee das machen wir schon. Mach Du mal die Inder, und wenn das läuft, kannst Du nach China." „Alles klar Chef. Mache ich" und dann machte ich.

Über die Industrieverbände und das Internet informierte ich mich über die Gewohnheiten. Für die ersten Schritte in Indien nutzten wir ein deutsches Unternehmen, welches eine Art Plattform in Indien bietet, über die wir einen Mitarbeiter einstellen konnten. Die Gründung einer eigenen Vertriebsgesellschaft in Indien war nämlich für ein relativ kleines Unternehmen, wie unseres, nicht so einfach.

Mein Mitarbeiter operierte von Pune aus. Ich habe ihn 2 Wochen lang in Deutschland geschult und mich persönlich mit ihm angefreundet. Will man in Indien erfolgreich sein, so muss man sich mit den Führungskräften persönlich befreunden, ansonsten haben sie kein Vertrauen und das Ganze funktioniert nicht.

Die Inder sind perfekt ausgebildet und stehen darauf, für deutsche Firmen zu arbeiten Man muss aber verstehen, dass Sie nach dem Studium für ca. 150 EUR im Monat arbeiten und jedes Jahr eine satte Gehaltserhöhung von mindestens 15% bekommen. Durch Unternehmenswechsel verdoppeln oder verdreifachen sie das Gehalt. Also arbeiten sie meist nie länger als 1,5 Jahre in einem Unternehmen und wechseln, um so schnell wie möglich gutes Geld zu verdienen.

Da es uns wichtig war, dass unser Mitarbeiter nicht nach 1,5 Jahren geht, haben wir ihm von Anfang an ein vernünftiges Gehalt bezahlt und wie gesagt, ich habe mich mit ihm angefreundet. Nicht, weil ich musste, sondern einfach, weil ich ihn mochte. Er war intelligent, pfiffig, loyal und voller Tatendrang und ist bis heute ein sehr guter Freund von mir. Wir haben über einen früheren Messekontakt einen indischen Agenten gefunden, der sehr gute Beziehungen zu sämtlichen Stahlwerken in Indien hatte. Die Firma des Agenten beschäftigte ehemalige Stahlwerksmitarbeiter, sprich in jedem indischen Ort, in dem ein Stahlwerk betrieben wurde, beschäftigte das Unternehmen einen Mann, der das Stahlwerk selbst, und all seine Strukturen perfekt kannte und Beziehungen nach ganz oben hatte.

Sie verkauften alles, was im Maschinenbau vorkommen kann, und haben Millionen damit verdient.

Um meinem indischen Sales Manager Training-on-the-Job zu gewährleisten, und weil der Agent auf unsere Produkte geil war, bin ich kurzerhand für fast drei Wochen nach Indien geflogen, mit dem Ziel, das Land zu erobern und die Kontakte des Agenten zu nutzen.

Als Konzept habe ich mir überlegt die „Made in Germany" Qualität zu propagieren. Marketingtechnisch haben wir einen Werbefilm gedreht, der die Produktion und unser Unternehmen vorgestellt hat.

Dann bin ich nach der Unternehmenspräsentation auf die Besonderheiten der Einzelkomponenten wie die Verschiebung, die Zapfenkreuze und die Buchsen mit den Details zum Fett und den speziellen Dichtungen eingegangen, gefolgt vom richtigen Schweißen, der Festigkeitsberechnung, des Wuchtvorgangs und der eigentlichen Gelenkwellenberechnung bzw. Auslegung.

Das Ganze habe ich als eine Art technische Schulung aufgezogen, was immer perfekt angekommen ist. Ich habe alles im Groben präsentiert und bei Themen, bei denen ich mich sicher fühlte, bin ich in die Tiefe gegangen.

Wenn spezifische Detailfragen aufgekommen sind, nicht selten vor einem Publikum von ca. 50 Personen, und ich nicht mehr weiter wusste, dann kam immer meine Standardaussage: „Meine Herren, sie wissen doch, jedes Projekt ist anders, es gibt in der Welt der Gelenkwelle keine Standardantworten, wir sind immer abhängig von der Einbausituation, der Hitzeentwicklung, den Motordaten und der anzutreibenden Rolle. Das müssen wir immer von Fall zu Fall betrachten".

Aber eins nach dem anderen. Zu der Zeit als ich dort das erste Mal hinflog, gab es gerade eine Anschlagserie in Indien und es ist nahezu jeden Tag irgendwo eine Bombe hochgegangen, aber von so etwas habe ich mich noch nie beirren lassen.

Außerdem hat das dazu beigetragen, dass ich immer nur in den allerbesten Hotels übernachtet habe, weil diese als sicher galten. Blöderweise ist mein Gepäck irgendwo anders hingeflogen.

Ein schicker Wagen meines Hotels hat mich abgeholt und durch die Straßen von Mumbai geführt. Mumbai stank, Menschen schliefen am Straßenrand, Kühe, Schweine, Hunde, Katzen und sogar Kamele und ein Elefant liefen frei herum und ich dachte ich wäre im falschem Film. Von wegen buntes Bollywood!

Ich war schon so einiges gewohnt, aber das war schon ziemlich heftig und ich hätte es von so einer Weltmetropole nicht erwartet. Mein Agent hat mir eine Suite mit zwei Zimmern und einem Konferenzraum gebucht, weil er ein hohes Tier eingeladen hat und diese sich ungern in Restaurants aufhielten oder sonst irgendwo in der Öffentlichkeit.

Ich solle mir keine Gedanken über die Preise machen, der Hotelbetreiber sei ein Freund. Ich bezog meine Luxussuite, fühlte mich und schlief wie ein König. Ich war mit der Unternehmerfamilie zum Mittagessen verabredet, kaufte mir aber vorher in einer nahegelegenen Shoppingmall von dem Entschädigungsgeld der Airline einen Anzug und was ich sonst noch so brauchte, da ich nicht wusste ob und wann mein Koffer kommt. Anschließend wurde ich von dem Fahrer meines Agenten abgeholt und zum Taj Mahal Hotel zum Dinner gebracht, wo ca. 3 Monate später einer der schlimmsten Terroranschläge stattgefunden hat.

Naja, aber wie erwähnt, Gott sei Dank erst 3 Monate später. Die Unternehmerfamilie war unheimlich reich und nett und der Sohn hat nun die Geschäfte aktiv geleitet. Er führte mehrere Vertretungen wie die von uns, betrieb ein eigenes Ingenieurbüro mit unzähligen Mitarbeitern, handelte mit Immobilien und war nebenbei Geschäftsführer eines Anlagenbauers. Er hat mir seinen engsten Vertrauten und Vertriebsleiter vorgestellt und mir mitgeteilt, dass er die wichtigsten Leute bereits angerufen hat und wir ab Sonntag auf eine sehr harte und anstrengende Tour gehen werden, wo wir jeden Tag ein anderes Stahlwerk irgendwo in Indien besuchen dürfen. Aber nicht nur die Stahlwerke, sondern auch die zwei mächtigsten Ingenieurbüros und die indischen Vertretungen der größten deutschen Anlagenbauer. Ich solle ihm und seinen Leuten vertrauen, die Organisation komplett überlassen, und bloß als Europäer nie ungekochtes Wasser trinken. Ich stellte ihm und seinen Eltern sowie dem Vertriebsleiter meine Präsentationen vor, sie waren absolut begeistert, wir tranken ein paar Gin Tonics, und der Vater wünschte uns viel Erfolg und eine Menge Umsatz. Wieder in meinem Hotel angekommen begrüßte ich meinen Mitarbeiter, der nun auch dazugekommen war.

Da wir zu einer privaten Geburtstagsfeier von den Freunden des Sohnes eingeladen waren, verbrachten wir dort den Abend. Ich bin von den fremden Menschen derart freundlich empfangen worden, dass ich wirklich teilweise dachte ich wäre mit meinem Kumpel im Urlaub.
Die Freunde wohnten in einem riesigen Hochhaus und deren Wohnung war innerhalb des Hochhauses auf drei Stockwerke aufgeteilt. Ich habe noch nie zuvor in meinem Leben so einen Luxus gesehen. Ich zählte ungefähr 10 Bedienstete, die ständig um mich und die Gäste herumschwirrten und kleine Häppchen, Getränke, feuchte Handtücher und Aschenbecher brachten.
Ich sagte zu meinem Agentensohn, dass es ziemlich viele Cateringmitarbeiter für so wenig Leute gibt, aber er erklärte mir, dass das Personal aus einer bestimmten Kaste sei und dauerhaft als Bedienstete verfügbar sei und er fragte mich verdutzt wie sowas denn bei uns geregelt ist.
Geschäftsreisen sind wirklich anstrengend, alles ist neu, man trinkt viel Alkohol, isst viel, ist quasi rund um die Uhr unter Menschen und muss sich bei Gesprächen die ganze Zeit konzentrieren, dass einem nicht versehentlich etwas Unangebrachtes

herausrutscht. Im Gegenzug bekommt man unheimlich viel zurück.

Man lernt so viele interessante Menschen aus allen Schichten kennen und taucht tief in die Kulturen und Gewohnheiten ein, wie man es sonst nie ermöglicht bekommt. Es war spannend, aufregend und ich liebte es! Wir verließen nach dem Abendessen die Geburtstagsfeier, waren um ca. 22.00 Uhr in meiner Suite und empfingen den Abteilungsleiter des Stahlwerkes, welches als allererstes auf unserer Besucherliste stand.

Er besuchte „zufälligerweise" den Sohn meines Agenten um eine Partie Golf am Sonntag zu spielen. Wir haben uns so richtig einen gesoffen, viel gelacht und viele lustige Geschichten erzählt. Das hört sich wirklich doof an, aber ich kann eine Menge verkraften. Na sagen wir es mal so wie es ist: ich kann saufen wie ein Loch und bin immer auf der Höhe, während die anderen doch schon ziemlich stark ins Wackeln kommen oder nach und nach umfallen. Ich hätte nie gedacht das Saufen irgendwann mal so nützlich sein könnte!

Und wenn die Zunge locker wird dann kann man eine Menge Informationen erhalten. An diesem Abend, alleine aus dem einen Gespräch, habe ich sofort die Besonderheiten und Schwächen unserer Wettbewerber verstanden. Obwohl der Wettbewerb technisch unheimlich stark war, so wurde schnell deutlich, dass die Betreiber einen dritten Anbieter schätzen würden, weil der Markt ziemlich aufgeteilt zu sein schien. Und genau das war auch später mein politischer Ansatzpunkt.

Ich habe eine Menge gelernt und dabei auch noch Spaß gehabt. Nach drei Stunden Schlaf und völlig verkatert, sind wir zum Flughafen gefahren, wo auch mein Koffer auf mich gewartet hat, und sind nach Bangalore geflogen. Von dort aus haben wir uns ein Auto gemietet und sind 5 Stunden nach Bellary mit dem Wagen gefahren.

Je weiter von der Zivilisation entfernt, desto ärmer und kurioser wurde es. In einem kleinen Dorf machten wir Pause und besichtigten einen Tempel, in dem meine indischen Weggefährten beteten.

Es war wie im Mittelalter im Orient. Aneinandergereihte Kleinkinder und Babys schliefen an einer Mauer förmlich im Dreck, während Schweine an Ihren Füssen leckten. Es war alles voller kleiner Affen, die hin und her sprangen und so komisch quietschten. Ich war der einzige Nicht-Inder und wurde begafft wie ein Außerirdischer. Wir sind in der Nacht am Ziel angekommen und hier hatten wir kein Hotel, sondern so eine kleine Hütte, in der wir auf Feldbetten übernachtet haben, aber dafür waren wir schon auf dem Stahlwerksgelände.

Am frühen Morgen hat uns ein Fünfzigjähriger, der aussah wie 100, abgeholt. Er war der Mitarbeiter des Agenten und hat uns erläutert, dass er 30 Jahre hier in allen Positionen gearbeitet hat und alle kennt. Er hoffte, dass meine Präsentationen gut sind, sonst bräuchten wir nie wieder kommen.

Er hat uns den Tagesablauf vorgestellt und nebenbei erwähnt, dass der Abteilungsleiter, mit dem ich am

Samstag gesoffen habe, richtig Spaß mit mir hatte und alle Führungskräfte angehalten hat, an den heutigen Präsentationen teilzunehmen.

Wenn die überzeugt sind, dann sollten sie uns auch Probeaufträge geben. Na, das nenne ich mal Beziehungen! Auf der anderen Seite tat mir immer noch der Schädel weh, aber zu irgendwas musste das ja gut sein.

Um 09.00 Uhr sollte ich einen zweistündigen Vortrag vor allen Instandhaltern, Technikern, Ingenieuren, Werksstudenten usw. halten. Anschließend würden wir uns ein paar Problemfälle im Einsatz anschauen, dann mit dem Werkleiter zu Mittag essen und danach jeweils 3 Mal bis 19.00 Uhr anderthalbstunden in jeder Abteilung vor den Instandhaltern, die morgens nicht dazu kommen konnten, unser Unternehmen vorstellen.

„Ja dann mal los" sagte ich und die Show begann. Ich bin zwar eine coole Sau, aber vor dem ersten Publikum und der allerersten Präsentation habe ich richtig flattrige Finger und Schweißausbrüche bekommen. Das verging nach den ersten zwei bis drei Sätzen und am Ende gab´s einen ordentlichen Applaus.

Ein junger Ingenieur sagte mir, dass er noch nie so eine professionelle Präsentation auf so eine lockere Art und Weise präsentiert bekommen hat, und ich bedankte mich für das schöne Feedback.

Es kamen viele gute Fragen, die wir alle beantworten konnten und alles lief richtig glatt.

Die Stahlwerke selbst sind so groß wie eine Stadt, blöderweise hält sich dort keiner an die Verkehrsregeln und da der Vertriebsleiter nach fünf Präsentationen ein wenig übermüdet war, hat er beim Rückwärtsfahren auf so einem großen Platz nicht ganz aufgepasst. Ein LKW, voll beladen mit tonnenschweren Brammen, der ebenfalls rückwärts rangierte, hat uns gerammt und vor eine Mauer gedrückt. Die Karre war schrott, die Inder waren am Diskutieren und ich schnorrte mir eine Kippe von dem Hundertjährigen, rauchte mir erst mal eine und dankte meinen und den indischen Göttern, dass ich noch lebte, während er uns in aller Ruhe telefonisch ein anderes Auto besorgt hat.

Da wir keinen Leihwagen mehr hatten wurden wir mit einem gepanzerten Q7 des Werksleiters und seines Fahrers zum Bahnhof gebracht und der Vertriebsleiter erklärte mir freundlich aber bestimmend, dass wir nun mit einem Nachtzug nach Bangalore fahren würden, das aber überhaupt kein Problem sei, weil wir ja schließlich dort in der ersten Klasse schlafen könnten und wir unseren Flieger um 10.00 Uhr am nächsten Morgen nach Visakhapatnam, auch Vizag genannt, erwischen würden.

Na super, dachte ich, aber was blieb mir anderes übrig? Die erste Klasse des Wagons war ein besserer Viehwagen, aber ich war zu übermüdet um mich aufregen zu können. Es gab in einem Abteil auf jeder Seite drei aufklappbare, blaue Hochbetten. Ich bin nach oben geklettert, habe mit den Jungs den Tag Revue passieren lassen und bin dann völlig erschöpft eingeschlafen. Ich schlief so lange, bis ich entweder von einem lauten Furz, einem herzhaften Rülpser oder Kindergeschrei wach geworden bin. Immerhin hatte die erste Klasse Fenster, bei den anderen gab es nur Gitterstäbe und teilweise überhaupt keine Türen. Um 6.00 Uhr morgens bekam ich Magenkrämpfe und musste auf die Toilette. Die öffentlichen indischen Toiletten sind schon mal wirklich ein Abenteuer für sich, aber die Toiletten in den Zügen sind wie eine Folterkammer. Man muss stehen und das Loch im Boden war so groß, dass man aufpassen muss, dass man da nicht reinfällt. Es gibt kein Wasser und auch kein Klopapier. Das war ich zwar aus Polen gewohnt, allerdings war das schon ein paar Jährchen her. Mir wurde schwarz vor Augen, ich war nass geschwitzt und konnte den Durchfall nicht mehr halten, es musste einfach raus, also holte ich mir eine Zeitung hockte mich hin und...

In Bangalore angekommen habe ich mich auf dem Flughafen frisch gemacht und wir haben tatsächlich unseren Flieger erwischt. Am Flughafen in Vizakhapatnam hat uns der nächste ehemalige Stahlwerksarbeiter, der nun Salesmanager bei unserem Agenten war, abgeholt und zum Hotel gebracht.

Die Luxushotels in Indien sind so eine Art Oase in einem Kriegsgebiet. In den Hotels ist alles auf allerhöchstem Standard und Niveau. Luxus pur. Ich bezog meine Suite, mein persönlicher Buttler hat mir meine Koffer ausgepackt, während ich mir einen Burger reingehauen habe und dann habe ich mir eine Stunde Privatsphäre gegönnt. Die brauchte ich auch dringend, weil ich völlig erledigt war. Um 18.00 Uhr kam dann der General Manager in meine Suite in den Wohnzimmerraum.

Mit ihm der zuständige Sales Manager unseres Agenten, der Vertriebsleiter sowie mein Mitarbeiter und dann ging es wieder los. Es wurde das beste Essen aufgefahren und wir haben uns prächtig unterhalten und natürlich gut einen getrunken, dieses Mal aber Gott sei Dank nur bis 2.00 Uhr morgens.

Da der General Manager von uns überzeugt war, gingen die Shows am nächsten Tag, geführt von unserem Agenten, wieder von vorne los. Im Prinzip war das nun immer der gleiche Ablauf. Wir aßen und tranken uns einen mit irgendeinem Manager, der etwas zu sagen hatte und dieser hat, wenn ich Ihn überzeugen konnte, was ich immer geschafft habe, seine Führungskräfte angewiesen an den Präsentationen am darauffolgenden Tag teilzunehmen und Probeaufträge zu tätigen, wenn diese nun auch überzeugt waren.

An einem Tag präsentierte ich im Durchschnitt drei bis vier Mal für ca. zwei Stunden vor unterschiedlichen Gruppen, schaute mir die Anlagen an, sammelte Projektunterlagen, und guckte mir Problemfälle an. Meine Reise ging weiter nach Kolkata, Jamshedpur, Ranchi, Rourkela, Delhi, Mumbai und Pune. Wir sind entweder geflogen, mit weiteren Nachtzügen oder Jeeps unterwegs gewesen und es kam eine gewisse Routine in den Ablauf. Ab der Hälfte ließ ich dann auch bereits meinen Mitarbeiter präsentieren, so dass ich am Ende der Reise einen perfekt ausgebildeten Mitarbeiter und Agenten hatte.

In Jamshedpur hat uns der Monsun voll erwischt. Es fing auf einmal an zu regnen und hörte bis zu meinem Abflug Richtung Heimat nicht mehr auf. Ich war mehrmals bis zu den Knien im Wasser und habe mehrere Anzüge und Schuhe dadurch verschlissen. Es war ein riesen Abenteuer und wir hatten einen ebenso riesigen Erfolg.

Obwohl ich nach den 3 Wochen völlig erschöpft und gar war, zumal ja auch noch das Geschäft zu Hause weiter ging und ich so einiges auch noch nebenbei koordinieren musste, war dieser Trip einfach nur geil! Zu Hause angekommen, ist mir wiedermal bewusst geworden, wie perfekt und ordentlich alles in Deutschland organisiert ist und wie gut es uns allen hier geht! Das Sozialsystem, Gesundheitssystem und Rentensystem sowie die Gesellschaft an sich sind unglaublich und Milliarden von Menschen würden alles dafür tun, um Teil dessen zu sein.

Die meisten Leute hier wissen es nicht ansatzweise zu schätzen. Ich würde mir wünschen, dass die ewigen Nörgler und Querulanten mit der Familie für nur eine Woche nach Indien, China oder Afrika ziehen würden, damit es ihnen bewusst wird, wie gut wir es hier in Deutschland und Europa haben.

Auch mich hat dieser Trip wieder geerdet. Ich war noch öfter dort, habe aber aus dem ersten Hammertrip gelernt und packte mir die Agenda nie wieder so voll. Ich baute immer wieder Puffer ein, um z.B. den Taj Mahal in Agra, den Regenwald inklusive freilebender Tiger, Goa, viele Tempel und andere Sehenswürdigkeiten zu besichtigen.

Wir sind sogar einmal in Delhi zur deutschen Botschaft zu einer Wirtschaftsdelegation zum Dinner mit sämtlichen deutschen Spitzenpolitikern und Topunternehmen eingeladen worden. Einige von den Jungs waren ziemlich steif, aber nach ein paar Bierchen sind auch die locker geworden und wir hatten eine Menge Spaß.

Wir haben auf Stahlwerks- und später auch Papierwerksmessen ausgestellt und weil mein indischer Freund der beste Mitarbeiter war, den ich je hatte, übertrug ich ihm auch die Länderverantwortung für Thailand, Vietnam, Singapur, Malaysia, Philippinen und Indonesien.

Nun hatten wir auch Indien im Griff. In der Zwischenzeit hatte sich allerdings herausgestellt, dass unsere chinesische Mitarbeiterin uns ausspioniert und nebenbei Ihr eigenes Ding gedreht hat und auch dem chinesischen Verkäufer nicht zu trauen war.

Wir haben uns folglich von ihnen getrennt und beschlossen unserem Topagenten die Exklusivrechte für alle Branchen zu geben. Wir handelten den Vertrag aus und er hat mich für eine Stahlwerksmesse und einen anschließenden Trip nach China eingeladen. Und so bin ich für ein paar Wochen nach China geflogen. China ist wesentlich moderner als Indien und geschätzt 25 Jahre weiter. Die Messe war in Guangzhough, nicht weit von Hong Kong entfernt. Als ich ihn in Deutschland kennengelernt habe hieß er noch George, nun hat er sich aber, aus welchen Gründen auch immer umgetauft und sagte mir, dass er von nun an „Grant" heißt.

Alle seine Mitarbeiter haben sich ebenfalls englischsprachige Namen gegeben. Anscheinend nehmen die es mit den Namen etwas locker als wir, dachte ich mir und nannte sie alle wie auch immer und für wie lange auch immer sie es wollten. Der Typ war völlig verrückt aber auch unheimlich professionell und wohlhabend.

Er machte Geschäfte im medizinischen und industriellen Bereich und hatte top Verbindungen zu den größten Stahlwerken Chinas. Er hat mich am Flughafen von seiner Sekretärin und einem Chauffeur abholen lassen. Ich staunte nicht schlecht als nun die Sekretärin stolz den Firmenwagen präsentierte, auf dem an den Seiten und auf der Motorhaube riesengroß unser Logo zu sehen war.

Sie brachten mich zu meinem Luxushotel und gaben mir 30 Minuten um mich frisch zu machen um dann ins Restaurant zu fahren, in dem mich die Mannschaft und einige Kunden bereits erwarteten. Ich wollte mir unbedingt noch den Messestand anschauen, aber Grant überzeugte mich am Telefon, dass es unnötig sei, ich begeistert sein würde und es wichtiger wäre, heute mit den wichtigsten Kunden und seiner Belegschaft zu speisen. Zur Beruhigung, dass der Messestand gut aussieht, schickte er mir ein paar Fotos.

Wir fuhren in ein wunderschönes, exklusives Restaurant direkt am Fluss. Ich wurde in einen großen Saal geführt, an dem ein großer, runder Tisch und ca. 10 Chinesen und 10 Chinesinnen mich mit einem Applaus empfingen. Ich begrüßte Grant und er stellte mir das Messeteam und seine anderen Leute vor. Ich hielt eine kleine Rede und musste ständig mit allen zuprosten und trinken.

Da sich das wohl so gehörte machte ich schön mit, bis die ersten anfingen zu lallen, und immer mehr aus sich rausgingen. Die Stimmung war auf dem Höhepunkt als Grant mir nun sagte, dass wir jetzt die Stahlwerksmanager treffen werden und diese in einem anderen Raum auf uns warten. Wir sind also aus dem einen Raum in einen anderen gegangen und dort saßen an einem weiteren runden Tisch wieder so etwa 10 Personen, die mich begrüßten. Als wäre es ganz selbstverständlich, sagte mir Grant nebenbei, dass neben dem Raum hier und seinem eigenen natürlich auch noch zwei weitere Stahlwerksmanagergruppen in anderen Räumen auf uns warten. Er hat sie alle gleichzeitig eingeladen und wir wanderten hin und her, tranken, aßen und sprachen mit allen. So etwas habe ich noch nie erlebt und es war am Anfang mehr als suspekt, aber letztendlich herrschte überall eine absolut angenehme Stimmung und für die Personen schien es das normalste der Welt zu sein, dass ich immer nur für ein paar Minuten dazukam.

Die Räume hatten jeweils eine Terrasse, die zum Fluss führte, und noch eigene kleine Separees, wo die Chinesen irgendwelche Spiele spielten. Manche lagen und blätterten in der Zeitung, arbeiteten an ihren Laptops oder saßen mit den anderen an dem runden Tisch. Ich trank und prostete natürlich mit allen, und alle wurden immer voller. Nun kamen bei manchem Raumwechsel auch einige Personen in die anderen Räume mit und so vermischten sie sich nach und nach. Wir alle waren immer voller. In einem Raum wurde eine Karaoke-Anlage aufgebaut. Neben dem

Singen und Trinken gab es auch immer wieder Situationen, in denen ich den Chinesen erklärte, was wir machen, und sie versprachen im Gegenzug, uns in ihren Stahlwerken zu empfangen und unsere Firmenpräsentation abzuhalten. Letztendlich ging es bis spät in die Nacht und ich lernte nicht nur das Team meines Agenten kennen, sondern die wichtigsten Personen von drei der größten Stahlwerke Chinas. Ganz zum Schluss bekam jeder Stahlwerksmanager ein schönes Geschenk überreicht und die Party ging zu Ende. Mit einem riesigen Kater stand ich ein paar Stunden später auf und würgte mir mein Frühstück in meiner Suite rein. Auf der Messe selbst war alles tatsächlich sehr professionell aufgebaut und Grant hat sogar ein Kamerateam organisiert, bei dem ich zu „German Quality" referieren konnte. Aus dem Stegreif präsentierte ich auf einem Messesymposium unser Unternehmen und erkrärte die Qualitätsmerkmale. Am Abend wurde die Sendung ausgestrahlt und ich konnte mich im chinesischen Staatsfernsehen, so etwas wie bei uns der dritte Kanal, selbst angucken. Nach der Messe habe ich am Wochenende die Mitarbeiter zwei Tage lang geschult und dann ging es durch ganz China zu allen großen Stahl- und Papierwerken auf Tour. Sowohl China als auch Indien ist voller Menschen, somit gilt es als absoluter Luxus in Restaurants, stets einen eigenen Raum für sich zu haben oder aber die Gäste in der eigenen Suite zu empfangen. Der Ablauf war im Prinzip auch in China immer der gleiche. Wir sind irgendwo gelandet, oder mit einem Nachtzug bzw. Auto angekommen, haben mit Jemandem, der etwas zu sagen hatte, gegessen und einen gesoffen.

Am nächsten Tag haben wir in dem Werk selbst präsentiert und eine riesengroße Show abgezogen, und dann ging es weiter. Alles läuft viel mehr als in Europa über die persönliche Schiene und das gemeinsame Essen. Das gehört einfach dazu und im Prinzip habe ich rund um die Uhr mit irgendwem gegessen, was dazu führte, dass ich in einem halben Jahr fast 20 Kg zugenommen habe.

Zumal ich ja wirklich sagen muss, dass ich sehr wohl ein Leckermäulchen bin und die Restaurants, in denen man das Essen lebend aussuchen kann, wirklich ihr Handwerk verstehen. Ich habe tatsächlich alles, aber auch wirklich alles probiert: Schlangen, Schildkröten, Echsen, alle Arten von Fischen, alles was fliegen kann und vier, sechs oder acht Beine hat, alle Tierköpfe und Weichteile die man sich so vorstellen kann, und jedes Mal hörte ich mir an wofür genau diese Speisen gut sein sollten.

Ich glaube auch tatsächlich, dass die Chinesen selbst daran glauben, dass die Viecher gut sind für die Augen, das Gehör, die Haut, die Haare, die Sexlust und allen weiteren Hokus Pokus. Natürlich habe ich mir auch alle Sehenswürdigkeiten, wie die Chinesische Mauer, den Sommerpalast, den Himmelstempel, das Naturschutzgebiet Jiuzhaigou und das Mausoleum in Peking, sowie sogar den Geburtsort des alten Kommunisten Mao Zedong, angesehen.

Apropos Mao, alle meine Ansprechpartner waren Kommunisten und absolut staatstreu und es kam mir zugute, dass ich in Polen in diesem verrückten System aufgewachsen bin, denn so konnte ich schön mitspielen, genauso wie sie alle in ihrem System mitspielten. Nur ganz selten, nach so einigen Whiskeys haben sich so einige tatsächlich geöffnet und wir haben wunderbare und hoffnungsträchtige Gespräche führen können.

Aber auch alle anderen fühlten, dass ich sie verstehen konnte und das schien dazu zu führen, dass sie mich sympathisch fanden. Ich war mehrmals in China und habe gefühlt das ganze Land bereist, und so einiges an Anfragen und Aufträgen nach Hause gebracht. Ich bin ein sehr hohes Tempo gefahren und war stolz darauf wie sich meine Mitarbeiter und das Unternehmen entwickelten.

Ich arbeitete immer voll am Limit, war weltweit sehr viel unterwegs, aber nahm mir auch bewusst meine Auszeiten. Obwohl ich mich körperlich gut entwickelt habe, na gut, machen wir uns nichts vor, ich bin fett geworden, habe ich trotzdem einmal in der Woche Fußball gespielt, und bin spazieren oder Joggen gegangen. Ich habe mich regelmäßig mit meinen besten Freunden (mittlerweile waren wir zu fünft) getroffen, und wir sind jedes Jahr für ein paar Tage nach Sopot, das polnische Ibiza, ans Meer gefahren. Wir sind in unser berüchtigtes Bermudadreieck eingetaucht und haben so richtig die Sau rausgelassen. Wir haben aber auch entspannt, diskutiert und einfach mal eine schöne Zeit für uns gehabt. Unsere Frauen haben sich glücklicherweise auch sehr gut verstanden und so verbrachten wir viel Zeit als eingeschworene Truppe miteinander.

Ich verdiente auch immer mehr Geld, also waren auch die Urlaube entsprechend immer ausgefallener. Wir haben uns z.B. in Florida eine Villa mit einem Motorboot gemietet und sind anschließend nach Miami, Key West und dann nach Mexico gefahren.

Wenn man mindestens 3 Pärchen hat, es selbst plant und bucht, dann ist das auch alles absolut bezahlbar und genießbar. Weiterhin habe ich regelmäßig mit meiner Frau Saunatage eingeführt, an denen wir jedes Mal so richtig die Batterien aufladen konnten. Es herrschte ein Gleichgewicht in meinem Leben und das hat mir geholfen, den ganzen Stress zu kompensieren. Meine Frau hat mir auch immer den Rücken freigehalten und das alles mitgemacht. Ich kam manchmal nach Hause und war so erschöpft, dass ich nicht sprechen konnte und am liebsten hätte ich mich unter dem Bett versteckt.

Sie hatte immer den richtigen Riecher und wusste stets, wie sie mich anpacken oder aber in Ruhe lassen sollte, wofür ich ihr bis heute dankbar bin.

Ohne ein absolut geregeltes Privatleben und einem Bewusstsein zur Entspannung, ist diese Art von Job auf Dauer nicht machbar. Aber ich liebte es. Ich liebte aber auch meine Frau und wir haben eine schöne und große Hochzeit mit all unseren Freunden, Verwandten und meinen Mitarbeitern gefeiert.

Im Unternehmen waren wir nahezu in allen Vertriebsbereichen sehr erfolgreich und ich erinnere mich, wie oft mein Chef und ich abends zusammensaßen und Strategien besprochen und verabschiedet haben.

Ich bewunderte ihn dafür, dass er komplexe Situationen aus scheinbar allen Bereichen sehr schnell erfassen konnte, diese dann vereinfacht hat und so, nahezu immer eine Lösung oder zumindest einen Lösungsansatz parat hatte. Ich analysierte seine immer wieder gleiche Vorgehensweise und übernahm diese auch später für mich. Das Prinzip der Fragenstellung war stets das gleiche, und ich würde jedem empfehlen, Problemsituation nach ähnlichem System anzugehen. Er fragte verhörartig freundlich aber bestimmend so lange, bis er wirklich die Situation voll erfasst hat.

WER will WAS von WEM und WARUM?

Abhängig von dem Fall ergänzte er es um WIEVIEL, WO, WANN und WIE?

Und dann fing er entweder auf einem Zettel oder einem Flipchart an, die Antworten symbolisch aufzumalen. Besser gesagt, er konnte gar nicht malen, sondern krickelte eher Symbole, Linien, Zusammenhänge, usw. Da die meisten Menschen visuelle Typen sind, werden sie auf diese Art und Weise wesentlich besser erreicht und ich finde das Ganze dermaßen einfach und unbeschreiblich effektiv.

Wenn man nämlich die Fragen stellt und dazu Symbole malt, dann fängt das Gehirn an, scheinbar von ganz allein an zu rattern.

Beim WER oder WAS geht es um eine qualitative Darstellung wie z.B. ein Porträt.
Beim WIEVIEL geht es um eine mengenbezogene Darstellung wie z.B. ein Diagramm.
Beim WO geht es um eine räumliche Position wie Z.B. eine Landkarte.
Beim WANN geht es um eine zeitliche Position, die man mit einem Zeitstrahl darstellen kann.
Beim WIE geht es um das Ursache/Wirkung Prinzip was man mit einem einfachen Flussdiagramm darstellen kann.
Beim WARUM geht es um die Herleitung und die Vorhersage und das kann man mit einem multivariablen Schaubild z.B. einer x/y-Achse zeigen.

Nachdem er also die Fragen gestellt und ein oder mehrere Bilder dazu gemalt hat war es nun wesentlich einfacher das Gehirn zu aktivieren und Lösungsansätze auszuarbeiten, eine Lösung zu definieren und diese dann auch anderen Mitgliedern vorzustellen. Der gesamte Vorgang kann folglich in vier Einzelschritte aufgeteilt werden:

1. SEHEN: Was sehe ich da?

2. BETRACHTEN: Welche Muster ergeben sich? Was fehlt? Was fällt auf? Habe ich so etwas schon mal gesehen?

3. VORSTELLEN: Habe ich genug gesehen oder brauche ich noch mehr Informationen? Wie kann ich die Muster beeinflussen? Kann ich die Lücken füllen?

4. ZEIGEN: Das sehe ich. Bedeutet es das Gleiche für die anderen Mitglieder?

Hier ein Beispiel, was ich mache, wenn ein komplex erscheinendes Problem auftritt: Ich hole mir Informationen ein und zeichne die Antworten als Skizzen, dann sehe ich mir das Problem in der Form meiner Zeichnung an. Anschließend betrachte ich was fehlt oder versuche ein Muster zu erkennen. Dann versuche ich mir vorzustellen, was nötig ist, um das in Ordnung zu bringen, und zu guter Letzt skizziere ich einen Lösungsansatz und stelle es irgendeinem Gremium, meinem Chef, oder sonst Irgendwem vor. Um Probleme zu lösen, muss man sie zuerst erkennen. Es ist das Wichtigste sich darauf zu konzentrieren WAS genau das KERNPROBLEM ist. Es geht auch nicht immer um die großen Strategien oder riesen Dinge des Lebens, man kann es immer und überall für alle Fälle benutzen. Wenn also ein Mitarbeiter mit einem Problem zu mir kommt, dann erzählt er meistens scheinbar durcheinander alles was für ihn wichtig erscheint. Durch mein ständiges Nachfragen formt sich eine Struktur, sowie ein Bild, und sehr oft kommen die Mitarbeiter schon während des Gespräches selbst zu einer Lösung. Das tolle ist, dass es auch im Privatbereich hervorragend funktioniert. Allerdings möchte ich an der Stelle erwähnen, dass hier Vorsicht angebracht ist.

Nach jedem Seminar habe ich früher versucht als Hobbypsychologe im Privatbereich bei meinen Freunden und Bekannten die Welt zu retten. Jetzt muss ich drüber lachen, aber ich habe nicht selten eine gemütliche Runde ganz schön mit meinen Fragen aufgemischt und jene dazu gebracht, über sich selbst nachzudenken, weil ich einfach das normale Blah-blah nicht ertragen konnte.

KOMMUNIKATION

Ich brauchte eine Weile, um zu verstehen, dass ich nicht als Wanderprediger die Welt retten muss, wenn mich keiner danach gefragt hat. Das war ein Prozess, aber ich habe daraus gelernt und versuche erst zu helfen, wenn ich klar und deutlich danach gefragt werde, was mittlerweile sogar ziemlich häufig vorkommt.

Schaut man sich ein Unternehmen an, welches den Vertrieb mit Außendienstmitarbeitern bestreitet, dann stellt man fest, dass es immer wieder zur Kommunikationsproblemen zwischen den Innen- und Außendienstmitarbeitern kommt.

Übertrieben dargestellt denken die Innendienstler, dass die Außendienstler faule Labertaschen sind, die sich einen Dreck über die internen, komplizierten Prozesse scheren und nur Chaos verursachen, indem sie unmögliche Versprechungen salopp zusagen, zudem auch noch übertrieben viel Geld verdienen sowie Spesen verbraten, fette Firmenwagen haben und einfach aus Spaß auf Firmenkosten mit den Kunden fressen und saufen.

Die Außendienstler hingegen, die diese Stimmung sehr wohl mitbekommen, interessiert das aber nicht die Bohne und sie denken sich, dass die Innendienstler doch einfach ihren sicheren neun-bis-fünf-Job machen sollen und ja nicht die so hart gewonnen Kunden verprellen sollen, indem sie die Logistik, Finanzierung und Qualitätsabwicklung versauen, denn schließlich müssen doch die Außendienstler die Kuh dann wieder vom Eis ziehen.

Ich habe es nun etwas härter ausgedrückt, aber diesen Zwiespalt gibt es tatsächlich in nahezu jedem Unternehmen. Da der eben beschriebene Zustand auch ansatzweise bei uns zutraf, haben wir sowohl alle Führungskräfte, als auch sämtliche im Verkauf tätigen Mitarbeiter durch eine erfahrene Psychologin schulen lassen. Um das Ganze zu vertiefen, habe ich zusätzlich noch unseren Unternehmensentwickler damit beauftragt, meine Jungs mit dem Thema KOMMUNIKATION vertraut zu machen. Ich habe zig Seminare, Bücher, Fachvorträge und Veranstaltung dazu besucht und bin der Meinung, wie ich es schon im ersten Teil meines Buches erwähnt habe, es aber aufgrund der Wichtigkeit nochmals wiederholen möchte, dass jeder Mensch die Werkzeuge für eine gelungene Kommunikation bereits in der Schule erhalten müsste.

Es ist erschreckend zu sehen, wie oft alles tagtäglich, sowohl beruflich als auch privat durch falsche Kommunikation schiefläuft. Die Grundlagen der Kommunikation sind aber sehr vielen einfach nicht bekannt und so kommt es zu Frustrationen, Streitigkeiten, Unwohlsein, und vielleicht sogar noch schlimmeren. Doch was genau ist Kommunikation? Zunächst ist es wichtig, sich mit der INFORMATION, also den Objekten der Kommunikation an sich, zu beschäftigen.

Es handelt sich um die „Übertragung von Wissen" in Form von Signalen, die sich zu einer Nachricht zusammenfügen lassen und gespeichert oder verarbeitet werden können. Wir benötigen einen Sender zur Abgabe dieser Information und einen Empfänger, der diese aufnimmt.

Theoretisch gesehen ist die Kommunikation ein Vorgang, bei dem ein Sender und ein Empfänger Informationen zum Zweck der Verständigung austauschen. Das hört sich ziemlich einfach an, ist in Wirklichkeit aber doch etwas komplizierter. Ein sehr wichtiger Aspekt für eine gelungene Kommunikation ist die Art der Aufnahme von Informationen.

Wir behalten nur 10% des Inhaltes von dem, was wir lesen. Das muss man sich mal vorstellen! Der Leser dieses Buches wird das meiste wieder vergessen. Und dabei habe ich mir soviel Mühe mit meinen Tipps gegeben. Wir behalten 20% indem wir etwas hören, und 30% indem wir es sehen.

Wir kommen auf 60% indem wir etwas lesen, hören und sehen, wie zum Beispiel einer Unternehmenspräsentation vor Kunden indem wir Bilder in einer Power-Point-präsentation sehen oder Flipcharts benutzen und dazu etwas erzählen. 70% des Erinnerungsvermögens treten auf, indem wir es selbst sagen und im Durchschnitt 80% indem wir die Dinge selbst tun.

Das ist auch genau der Grund warum ein Seminar, bei dem man die Themen erarbeitet so hilfreich ist. Die Seminare dauern länger aber sie sind um so gründlicher und sinnvoller. Wenn wir also tatsächlich wollen, dass unser Gesprächspartner die übermittelten Informationen aufnehmen und umsetzen, so müssen wir dafür sorgen, dass der Gesprächspartner selbst aktiv wird.

Es gibt sieben kommunikativen Ebenen:

1.) GEDACHT bedeutet nicht GESAGT

Der Empfänger kann nicht erahnen, welche Sorgen, Nöte, Gedanken und Hoffnungen der Sender hat, und kann sich erst auf ihn einstellen, wenn es deutlich ausgesprochen wird. Ich kann mich an eine Situation mit einem Freund erinnern, der mich aus heiterem Himmel gefragt hat, wie ich denn zu unserer Freundschaft stehe. Ich zählte ihn zu meinen besten Freunden und verstand nicht worauf er hinzielte Ich meldete mich immer unregelmäßiger, bin aber davon ausgegangen, dass das völlig OK sei, weil er mich so kannte und ich dachte tatsächlich, dass er genau wüsste, dass unsere Freundschaft ungestört ist. Ich habe etwas gedacht und über einen längeren Zeitraum wurde nicht darüber gesprochen, was am Ende tatsächlich zumindest zu einer Verwunderung und Frustration geführt hat.

2.) GESAGT bedeutet nicht GEHÖRT

Häufig ist der Empfänger nicht aufmerksam oder der Wille zum ZU-HÖREN-WOLLEN ist nicht vorhanden. Hier passiert auch schon bei den meisten der größte Fehler, weil sie davon ausgehen, dass, indem etwas gesagt wurde, dieses auch vom Empfänger gehört und umgesetzt wird. Wie oft hört man bei so vielen Freundschaften, Familien, Vereinen usw. „ich verstehe das nicht, ich habe es ihm doch gesagt, dass…"

3.) GEHÖRT bedeutet nicht VERSTANDEN

Man sollte sich an der Bereitschaft und den Möglichkeiten orientieren, die der Gesprächspartner hat, um die Aussagen nachzuvollziehen. Manchmal erzählt mir meine Frau etwas aber ich bin mit den Gedanken völlig wo anders…

4.) VERSTANDEN bedeutet nicht EINVERSTANDEN

Der Gesprächspartner kann durchaus anderer Meinung sein, auch wenn er die Aussage verstanden hat. Auch hier wird oft der Fehler gemacht und die Aussage stehengelassen, weil man ein zustimmendes Nicken als EINVERSTÄNDNIS interpretiert, ohne sich jedoch das tatsächliche Einverständnis einzuholen. Ein Mitarbeiter erklärt mir manchmal einen Sachverhalt, eine Strategie oder irgendetwas, was er vorhat. Grundsätzlich verstehe ich es auch, aber ich bin nicht seiner Meinung.

5.) EINVERSTANDEN bedeutet nicht BEHALTEN

Spontane Zustimmungen werden im Alltag oft wieder vergessen. Es ist schwer, sich mal eben so grundlegend zu verändern. Ich habe einmal gehört, dass wir 64 Mal noch die gleichen ungewollten Handlungen durchführen, die wir gar nicht wollen, bis wir unser Verhalten dann tatsächlich ändern.
Das ist Wahnsinn, denn das sagt aus, dass selbst wenn wir schon beim fünften Punkt angekommen sind, und wir sehen ja wieviel auf der Kommunikationstreppe nach oben schiefgehen kann, und man tatsächlich gewillt ist etwas zu ändern, es dann aus Gewohnheit immer noch wieder und wieder falsch gemacht wird. Beispiel: für mich ist ein Lappen ein Lappen. Wenn ich also, weil ich schusselig bin, etwas Cola auf dem Boden verschütte und es mit den Lappen aufwische, mit dem wir normalerweise das Geschirr saubermachen, dann dreht meine Frau durch, weil man dafür einen Wischlappen für den Boden nehmen soll.
Nach unzähligen Diskussionen war ich auch tatsächlich einverstanden, habe es aber dennoch immer wieder falsch gemacht. Und obwohl die Geschichte mit den 64 Mal angeblich wissenschaftlich erwiesen ist, und ich ihr das plausibel erklärte, hatte ich den Lappen am Ende im Gesicht…

6.) BEHALTEN bedeutet nicht UMGESETZT

Wie bereits bei Punkt Fünf erwähnt, führt die reine Absichtserklärung nicht direkt zu einer konkreten Umsetzung. Einverständnis ist zwar in vielen Situationen grundsätzlich vorhanden, das resultierende Verhalten kann aber nicht umgesetzt werden, weil z.B. die Kompetenz zur Umsetzung fehlt, die Rahmenbedingungen ungünstig sind oder die Zuständigkeiten nicht geregelt sind. Man sollte also im Gespräch für gemeinsame Reglungen und deren Umsetzung sorgen und diese dann auch überprüfen. Auch sollten Bedenken und mögliche versteckte Widerstände geprüft werden.

7.) UMGESETZT bedeutet nicht BEIBEHALTEN

Auch wenn eine konkrete Vereinbarung umgesetzt wird, so ist es kein Garant für eine Dauerhaftigkeit. Getroffene Vereinbarungen sollten somit in bestimmten Abständen immer wieder erinnert werden, wenn der berühmte Schlendrian einkehrt. Schaut man sich die sieben Punkte an, dann wird einem erst einmal bewusst, wieviel bei der Kommunikation schiefgehen kann. Man kann sich nun damit auseinandersetzen. Wenn man das Model aber nicht kennt, dann führen Gruppengespräche in Vereinen, Gespräche unter Freunden und Kollegen und in der Familie so oft zu Missstimmungen und Frustrationen und man ist sich gar nicht dessen bewusst, was da eigentlich schiefläuft.

Man nimmt oft nur wahr, dass da etwas gehörig aus dem Ruder gerät. Es gibt da auch noch das Problem der menschlichen Wahrnehmung. Jeder „naive Beobachter" nimmt an, dass genau, und ausschließlich sein Bild von der Welt das „WAHRE" und somit das Richtige ist. Allerdings zeigen schon einfache Bilder der Wahrnehmungstäuschung, in der Form von geometrischen Figuren zum Beispiel, dass uns unsere Wahrnehmung trügerisches vorgaukeln kann. Die sogenannte WIRKLICHKEIT kann unterschiedlich wahrgenommen werden, und das kann am besten durch die unterschiedlichen FILTER der WAHRNEHMUNG erläutert werden. Diese Filter arbeiten automatisch in unserem Unterbewusstsein und führen dazu, dass die tatsächliche WIRKLICHKEIT durch einen PSYCHOLOGISCHEN NEBEL wahrgenommen wird. Wir nehmen die Welt mit unseren Fünf Sinnen, nämlich: Sehen, Hören, Fühlen, Riechen und Schmecken, wahr. Das kennen wir ja schon.

Die empfangenen Sinnesreize gleichen einer gewaltigen Zahl von Puzzleteilchen, aus denen das Gehirn ein Bild der Wirklichkeit zusammensetzt. Die Wahrnehmung über unsere Sinne ist jedoch eingeschränkt und zeigt uns nur einen Ausschnitt der Realität. Eine Hundepfeife beweist, dass es Töne gibt, die wir nicht hören und eine Infrarotkamera gibt Farben wieder, die wir nicht sehen. Da die sinnliche Wahrnehmung von Mensch zu Mensch verschieden ist, nehmen wir unterschiedliche Realitäten wahr. Es ist ein Irrtum anzunehmen, dass mehrere Menschen das identische sehen, wenn sie denselben Gegenstand betrachten.

Der zweite Filter, der bewirkt, dass wir Botschaften in einer bestimmten Weise aufnehmen und bewerten, ist die Tatsache, dass wir aufgenommene Informationen auf Grund unserer ERFAHRUNGEN bzw. VORURTEILE interpretieren. Wenn nun aber zwei Menschen miteinander kommunizieren, die eine völlig unterschiedliche Wahrnehmung haben, dann werden sie mit hoher Wahrscheinlichkeit aneinander vorbeireden oder im schlimmsten Fall einen Konflikt auslösen. Die Wahrscheinlichkeit steigt, dass wir als Empfänger eine Information annehmen, je mehr das gesagte mit unseren MEINUNGEN und EINSTELLUNGEN übereinstimmt.

Der dritte Filter ist unsere MOTIVATION und die eigenen BEDÜRFNISSE. Welche Information wir als wichtig und welche als unwichtig bewerten, welche Botschaften wir also tatsächlich aufnehmen, hängt im hohem Maße von unseren ganz aktuellen Motivationen und Bedürfnissen ab.

Der vierte Filter stellt unser SELBSTWERTGEFÜHL dar. Jeder Mensch möchte wertvoll sein, anerkannt und positiv beurteilt werden. Diese Beurteilung erfahren wir durch den Kontakt mit unseren Mitmenschen, durch Vergleiche und durch die Kommunikation mit Ihnen. Die Stärkung des Selbstwertgefühls ist ein zentrales Anliegen jedes Menschen. Was immer wir tun oder unterlassen, geschieht unbewusst in der Absicht, unser Selbstwertgefühl zu stärken bzw. Angriffe darauf abzuwehren. Hierbei ist es unerheblich, ob derartige Angriffe real oder nur eingebildet sind. Sobald wir eine negative Beurteilung unserer Person aus einer Botschaft heraushören, empfinden wir das als Angriff auf unser Selbstwertgefühl und auf einen solchen Angriff reagieren wir mit Verunsicherung, Flucht (Rückzug) oder Verteidigung (Rechtfertigung). Die Kommunikation wird in jedem Fall gestört. Die Filter zeigen, dass unsere Wahrnehmung ein Konstrukt unseres Gehirns ist. Die sogenannte „selektive Wahrnehmung" ist die Regel und nicht – wie vielfach geglaubt – die Ausnahme.

Es ist die Bewusstheit über all das Beschriebene die kompetent macht, und das Bewusstheitsrad zeigt, dass zwischen der Wahrnehmung und dem Tun des Einzelnen rasch ablaufende innerliche Vorgänge stehen, die das Geschehen in der zwischenmenschlichen Kommunikation wesentlich mitbestimmen. Es beginnt mit der Wahrnehmung und wird gefolgt durch die INTERPRETATION und bzw. der BEWERTUNG des Wahrgenommenen.

Wir deuten sie, fantasieren über sie, bewerten sie und stellen Vermutungen an. Eventuell fügen sich alte Erlebnisse als Erinnerung an unsere Bewertung mit an. Ein BÜNDEL VON GEFÜHLEN stellt sich als nächstes ein. Wir bekommen Angst, Lust, Freude, Furcht oder ein Gefühl des Versagens kündigt sich an. Der spontan formulierte ENTWURF EINER ENTGEGNUNG wird in unserem Kopf geformt aber bleibt meist als eine unausgeführte Idee in unserem Kopf stehen: „das kann er doch nicht…" „ich würde jetzt am liebsten" „Jetzt sage ich" denken wir dann. In dem letzten Schritt findet schließlich die REAKTION statt.

Wir sagen oder tun etwas. Die Handlung entsteht durch ein Ausfiltern von ungeeigneten Antworten. Das alles erfolgt innerhalb weniger Sekunden. Die einzelnen Schritte bleiben uns im Trott der unreflektierten Kommunikation in der Regel verborgen. Dabei sind allerdings die übersehenen Stationen wie die INTERPRETATION/BEWERTUNG, GEFÜHLSEINDRUCK, und Absichtsimpuls aktiver als wir vermuten. Diese Vorgänge sind zudem sehr verfestigt und eingeschliffen. Ein Großteil von Gesprächsstörern hat hier seinen Ursprung. Das alles hat eine Auswirkung auf den Umgang untereinander.

Wie schnell vergessen wir, dass die STIMMUNG, ERFAHRUNG und ERZIEHUNG unser Verhalten beeinflussen. Wie salopp sagen wir „Du bist doch…" „Du machst doch…" und verurteilen jemand anstatt zu sagen: „ich sehe, dass…" „das wirkt auf mich, als ob…" Die Metapher des Eisbergs verdeutlicht, dass nur ein kleiner Teil dessen, was den Erfolg von Kommunikation bestimmt, tatsächlich sichtbar ist. Wir müssen also ein Gespür für das Geschehen „unterhalb der Wasseroberfläche" entwickeln.

Die Metapher des Eisbergs kann auf zwei Arten verstanden werden:

1.) Unterscheidung zwischen Inhalts- und Beziehungsebene

Auf der Sach- bzw. Inhaltsebene handelt es sich um sachlogische Zusammenhänge, gemeinsame Themen und Interessensbereiche. Sie sind problemlos zu beschreiben, lassen sich relativ eindeutig sprachlich ausdrücken und sind leicht hinterfragbar.
Auf der Beziehungsebene handelt es sich um psychologische und psychosoziale Zusammenhänge. Es geht hier um die Spannbreite der Emotionen.
Hier sind Dinge komplizierter, oft verborgen und schwer in Worte zu fassen. Beide Ebenen stehen in Wechselbeziehung und Konkurrenz zueinander. Die „unsachlichen" Energien aus der zweiten Ebene geben entscheidende Impulse für das Geschehen auf der sachlogischen Ebene und entscheiden sie zuletzt. Wo sie zu wenig Raum erhalten oder ignoriert werden, binden sie einen großen Teil der Energie und schaffen sich oft durch scheinrationale Argumente Luft, sprich Beziehungsaussagen werden in Sachaussagen gekleidet.

Konflikte finden immer auf beiden Ebenen statt. Beide Ebenen und ihre gegenseitige Beeinflussung zu kennen ist wichtig. Insbesondere, weil die Beziehungsebene den Kommunikationsverlauf dominiert. Je stärker Kommunikationsprozesse eskalieren, umso mehr gewinnt die Beziehungsebene an Gewicht.

2.) Unterscheidung des Eisberges in eine bewusste (sichtbare) und unbewusste (unsichtbare) Ebene

Nur ein Teil der Bedeutungen einer Botschaft wird bewusst hervorgebracht und wahrgenommen. Es handelt sich hierbei um Worte, Verhaltensweisen sowie auch körperliche Signale. Ein anderer Teil der Sinneinheiten einer Botschaft wird unbewusst erzeugt und auch wahrgenommen.

Gestützt auf psychoanalytische Studien und alltägliche Beobachtungen können wir davon ausgehen, dass nur ein kleiner Teil (10% - 20%) der zwischenmenschlichen Kommunikation bewusst abläuft. Der größte Teil wird unbewusst gesteuert und auch wahrgenommen. Unbewusste Botschaften sind überwiegend emotional und sie beinhalten eher die Beziehungsebene. Demgegenüber sind bewusste Botschaften mehrheitlich verbal, rational und sie beinhalten eher die Sachebene. Hierbei handelt es sich allerdings nur um Tendenzen.

Der Mensch ist in der Lage unbewusste Prozesse in das Bewusstsein zu heben, in dem er z.B. seine Aufmerksamkeit konsequent darauf richtet. Allerdings gibt es Bereiche des Unbewussten, die dem willentlichen Zugriff entzogen sind. Sie können nur durch bestimmte Techniken wie z.B. Hypnose, bewusstgemacht werden.

Kurz: Solange die Beziehungsebene POSITIV (oder NEUTRAL) ist, ist auch die SACHEBENE sozusagen FREI. Die Informationen können direkt zum Gegenüber durchdringen. Fühlt sich aber mindestens einer der Gesprächspartner „unwohl in seiner Haut", weil er z.B. nervös, ängstlich, schüchtern, wütend oder neidisch ist dann zieht ein NEBEL auf. Dieser Nebel setzt sich zwischen die Personen und vernebelt den Blick für den Gesprächspartner und die Sache. Nichts dringt mehr durch, alles wird falsch verstanden.

Hier muss erst der Nebel gesenkt werden ansonsten hat alles andere einfach keinen Sinn.

Wir kennen das alle aus unseren Partnerschaften und Freundschaften. Wenn zwischen mir und meiner Frau Nebel aufzieht, weil ich mir mit ihrem Handtuch meinen Mund abgetrocknet habe und sie es mir mittlerweile gefühlt einhundert Mal erklärt hat, dass ich doch bitte meinen Mund vor allem wenn da noch Zahnpasta dran hängt, an meinem Handtuch abtrocknen soll, weil sie das einfach eklig findet, und sie mich dabei auch noch erwischt und ich zum wiederholten Male sie nicht für voll nehme, dann kriege ich später am Frühstückstisch mein Fett ab wegen irgendeiner anderen Kleinigkeit, die nichts mit der Sache zu tun hat.

Dann brauche ich nicht über die Kleinigkeit diskutieren, sondern muss zusehen, dass ich den Nebel senke, indem ich frage „Sag mir doch bitte was ist denn wirklich das Problem?"

Hierbei ist es auch wichtig, dass ich es ernst meine, also kommt es auch auf den Klang der Stimme, die Haltung, die Mimik sowie die gesamte Körpersprache an.

Nochmals: Ist die Beziehungsebene stark gestört, aus welchen Gründen auch immer, dann macht es keinen Sinn, vernünftig auf der Inhaltsebene zu argumentieren – es wird beim Gegenüber, auch wenn die Argumente absolut stichhaltig sind, auf keinen Fall ankommen!

Man muss also den ersten Schritt machen und sozusagen die Tür öffnen, indem man den Gesprächspartner schlicht und einfach achtet, ihm wirklich zuhört, ihm Aufmerksamkeit schenkt und wirklich an ihm interessiert ist.

Paul Watzlawik, ein Kommunikationswissenschaftler, hat fünf Regeln menschlicher Kommunikation aufgestellt, die als Richtschnur in der Gesprächsführung und als Ansatzpunkte für die Behebung von Kommunikationsstörungen dienen.

1.) Man kann nicht NICHT kommunizieren.

Jegliches Verhalten bzw. Handeln von Menschen ist Kommunikation! Auch das Nichthandeln hat tatsächlich Kommunikationscharakter und die Kommunikation lässt sich nicht vermeiden. Wir kommunizieren immer! Beim Pokern z.B. erkennen Profis anhand von vorheriger Körperanalyse und des Spielverhaltens, lediglich an der Körpersprache welches Blatt das Gegenüber haben kann. Mit Worten können nur sieben Prozent aller Informationen eines Gespräches transportiert werden. Aus dem Klang der Stimme beziehen wir den weitaus größeren Anteil und aus der Körpersprache 55 Prozent! Das bedeutet nicht, dass der Inhalt unwichtig ist. Die Inhalte haben aber erst dann eine Wirkung auf den Empfänger, wenn sie mit der Stimme und der Körpersprache übereinstimmen.

2.) Jede Kommunikation hat einen Inhalts- und einen Beziehungs- Aspekt.

Jede Mitteilung, die ein Sender an einen Empfänger richtet, hat einen Inhalt und eine über den Inhalt hinausgehende Information. Diese bezieht sich auf die Kommunikationspartner. Der Beziehungsaspekt bestimmt das Verständnis zwischen den Gesprächspartnern. Um wirkungsvoll miteinander zu kommunizieren, müssen beide Kommunikationsebenen miteinander übereinstimmen. Wenn ein Kunde den Außendienstmitarbeiter nicht mag, dann kann dieser noch so gut argumentieren. Es herrscht einfach Nebel zwischen den beiden der die Argumentationen nicht hindurchlässt.

3.) Kommunikation verläuft kreisförmig.

Im Kommunikationsablauf setzt jeder Gesprächspartner eventuell unterschiedliche Anfangspunkte. Bei Konflikten kommt es deshalb dazu, dass jeder Partner dem anderen vorwirft, er habe angefangen. In einem solchen Fall sehen die Kommunikationspartner im Verhalten des anderen jeweils die Ursache des eigenen Verhaltens. Jede Partei interpretiert das eigene Verhalten nur als Reaktion, nicht aber als Ursache für das Verhalten der anderen Seite. Kommunikation hat aber keinen Anfang und kein Ende. Sie verläuft kreisförmig. Ein Beispiel eines Teufelskreises aus dem Berufsleben. Der Chef meckert jedes Mal, weil ihn das Gekasper seines Auszubildenden nervt. Weil der Chef aber immer meckert, wird der Azubi unsicher, sobald der Chef zur Tür reinkommt und fängt an zu kaspern.

4.)Kommunikation kann digital oder analog erfolgen.

Die zwischenmenschliche Kommunikation erfolgt in digitaler (= GENAU BE-ZEICHNETER), oder analoger (= ÄHNLICHER) Form.Digitale Informationen haben für die Gesprächspartner die gleiche Bedeutung.

Analog ist die Kommunikation dann, wenn Informationen in Zeichen oder Symbolen verschlüsselt werden, die nur eine ungefähre oder indirekte Deutung erlauben. Dies ist bei der nonverbalen (Mimik, Gebärde, Blickkontakt) und bei paraverbaler (Tonfall, Sprachstill) Kommunikation immer der Fall. Inhaltsaspekte drücken sich primär über die digitalen, Beziehungsaspekte eher über die analoge Kommunikation aus. Daher entstehen gerade im Beziehungsbereich Störungen in der Kommunikation.

5.) Kommunikation verläuft entweder symmetrisch oder komplementär.

Der Verlauf der Kommunikation ist davon abhängig, ob die Beziehung zwischen den Gesprächspartnern auf Gleichheit oder Ungleichheit beruht. Bei symmetrischer Beziehung sehen sich die Partner in einem gleichrangigen Verhältnis, bei komplementärer Beziehung stehen sie in einem Ergänzungsverhältnis (Chef und Mitarbeiter).
Ungleiche Kommunikationsbeziehungen sind störanfälliger als „Kommunikation auf Augenhöhe". Kommen wir nun zu meinem persönlichen Highlight der Kommunikation. Meiner Meinung nach sollte jeder das folgende Modell mit seinem Partner besprechen und es verinnerlichen. Ich behaupte mal, dass die Hälfte aller Streitigkeiten dadurch eliminiert wird.

Es ist das VIER-SEITEN-MODELL, auch KOMMUNIKATIONSQUADRAT oder VIER-OHREN-MODELL genannt von Friedmann Schulz von Thun. Die Grundaussage des Modells ist, dass sowohl Sender als auch Empfänger einer Nachricht diese stets nach 4 Aspekten formulieren oder hören:

1.) DER SACHINHALT – worüber ich informiere

Auf der Sachebene vermittelt der Sender der Nachricht Daten, Fakten, und Sachverhalte. Aufgabe des Senders ist es, diese Informationen klar und verständlich zu

94

machen.

2.) DIE SELBSTOFFENBARUNG - Was ich von mir selbst kundgebe

In jeder Nachricht stecken nicht nur Informationen über eine Sache, sondern auch Hinweise zur Person des Senders. Diese Botschaft besteht sowohl aus einer bewussten, gewollten Selbstdarstellung als auch einer unfreiwilligen, den Sender nicht bewussten Selbstenthüllung. Jede Nachricht wird somit zu einer Information über die Persönlichkeit des Senders.

3.) DIE BEZIEHUNGSAUSSAGE –

Was ich von Dir halte (DU-BOTSCHAFT) und wie wir zueinanderstehen (WIR-BOTSCHAFT)

Am Beziehungsanteil einer Botschaft wird deutlich, wie der Sender sein Verhältnis zum Empfänger einschätzt. Je nachdem wie der Sender den Empfänger anspricht (Art der Formulierung, Tonfall, Körpersprache usw.) drückt er Wertschätzung, Respekt, Wohlwollen, Gleichgültigkeit usw. aus. Abhängig davon, welche Botschaft im Beziehungs-Ohr des Empfängers ankommt, fühlt er sich entweder akzeptiert oder herabgesetzt, respektiert oder bevormundet. Eine gute Beziehung ist gekennzeichnet durch Kommunikation „von Gleich zu Gleich in gegenseitiger Wertschätzung."

4.) DER APPELL - wozu ich Dich veranlassen möchte

Wer sich mitteilt, will etwas bewirken. Mit dem Appell soll der Empfänger veranlasst werden, Dinge zu tun oder zu unterlassen. Der Einflussversuch kann offen (BITTE) oder versteckt (MANIPULATION) sein. Auf dem Appel-Ohr fragt sich der Empfänger „was soll ich jetzt denken, machen oder fühlen?" Das war jetzt ganz schön theoretisch, aber ich möchte es mit zwei Beispielen aus dem privaten und beruflichen Umfeld verdeutlichen:
Nehmen wir mal an, ein Mann sagt zu seiner Frau während des Essens: „Da ist etwas Grünes in der Suppe!" Dann kann, je nach seiner Betonung und Mimik, sowie abhängig von der Stimmung und Situation, in der sich die Frau gerade befindet, die Aussage auf einem „FALSCHEN OHR" aufgenommen werden.
Zumindest kann es dazu kommen, dass die Nachricht nicht mit dem Ohr gehört, welches von dem Mann beabsichtigt wurde. Die Frau hört auf dem….

SACH-OHR: Er sieht etwas Grünes.

SELBSTOFFENBARUNGS-OHR: Ihm schmeckt das Essen nicht.

BEZIEHUNGS-OHR: Er hält mich für eine schlechte Köchin.

APPELL-OHR: Ich soll künftig nur noch kochen, was er mag.

Oder nehmen wir mal an, der Projektleiter sagt bei einer Teambesprechung: „Wir sind drei Tage hinter dem Zeitplan". Jedes Teammitglied kann den gleichen Satz mit einem anderen Ohr hören und somit anders interpretieren:

SACH-OHR: Die Projektleitung ist um 3 Tage verzögert.

SELBSTOFFENBARUNGS-OHR: Ich bin erleichtert, dass es nicht mehr ist.

BEZIEHUNGS-OHR: Wir haben gute Arbeit geleistet.

APPELL-OHR: Macht weiter so wie bisher Die unterschiedlichen Interpretationen von Sender und Empfänger eines identischen Nachrichtentextes führen leicht zu Missverständnissen und Konflikten.

Die miteinander kommunizierenden Personen sollten daher versuchen, durch ergänzende Aussagen und entsprechendes Nachfragen ein Verstehen der Nachricht unter allen vier Aspekten herbeizuführen.

Wenn mir bekannt ist, dass sowohl ich als auch meine Mitmenschen mit vier unterschiedlichen Ohren hören können, und zudem auch noch alle ihre eigenen Filter eingebaut haben, kann ich durch genaueres Hinterfragen auf sie eingehen und sie dort abholen, wo sie gerade sind. Wir sollten unsere persönliche Kommunikationsfähigkeit beständig weiterentwickeln, dabei ist das zentrale Element unsere innere Haltung. Wir sollten unser Gegenüber wertschätzen, unabhängig davon ob wir die Person mögen oder nicht.
Wir sollten darauf achten authentisch bzw. echt zu sein. Wir sollten konzentriert an unserer Empathie arbeiten, um Emotionen, Gedanken und Motive der Gesprächspartner zu erkennen und zu verstehen. Die Reaktion auf die Gefühle anderer Menschen kann tatsächlich trainiert werden, wenn man sich bewusst damit auseinandersetzt. Die Grundlage der Empathie ist die Selbstwahrnehmung, denn je offener wir für unsere eigenen Emotionen sind und die Wirkungen verstehen, desto besser können wir die Gefühle anderer deuten. Die eigene Wirkung auf andere, sowie die Wirkung nonverbaler Verhaltensweisen wird insbesondere durch FEEDBACK erfahren.
Leider ist es so, dass wir alle uns viel zu wenig, bis gar kein Feedback geben und dadurch letztendlich die Entwicklung blockieren. Es bedeutet nicht, dass wir Verhaltensweisen, die uns durch das Feedback bewusst geworden sind, ohne weiteres und kurzfristig ändern können. Denn Verhaltensmuster sind oft tief verinnerlicht

und ohne Änderung von Einstellungen, Werten und Glaubenssätzen nicht dauer-haft änderbar. Es ist zumindest der erste Schritt. Feedback ist wesentlich für eine gelungene Kommunikation, denn entscheidend für Erfolg ist nicht, wie ein Mensch tatsächlich ist, sondern wie er von anderen wahrgenommen wird. Wenn jemand weiß wie er wahrgenommen wird, kann er sein Verhalten korrigieren und der Situation angepasst steuern.

Die Feedback-Ausgangssituation lässt sich sehr schön mit dem JOHARI - Fenster darstellen.
Dieses einfache Modell der 4 Quadranten zeigt, inwiefern Eigenschaften einem selbst bzw. dem jeweiligen Umfeld bekannt sind.

Bei der „ARENA" sind meine Eigenschaften mir selbst und auch dem anderen be-kannt.

Bei der „FASSADE" sind Sachverhalte oder Emotionen mir selbst bekannt, sollen aber anderen nicht bekannt gemacht werden.

Beim „BLINDEN FLECK" werden die Aspekte von anderen Menschen wahrge-nommen nicht aber von mir selbst.

Alle unbewussten oder nicht mehr bewussten Gewohnheiten fallen hierunter. An dieser Stelle kann die Wahrnehmung von außen sehr nützlich sein, mehr über sich selbst zu erfahren und damit den blinden Fleck zu verkleinern oder sogar zu be-seitigen. Leider erfolgt die offene und ehrliche Aussprache auch unter sogenannten Freunden in der Realität viel zu selten, weil der Feedbackgeber Angst hat den Feed-backnehmer zu verletzen. Da aber das Feedback genau hier dermaßen wichtig ist, wurden ein paar Regeln kreiert, die die offene Aussprache ermöglichen, ohne den Feedbacknehmer zu verletzen.

Regeln für Feedbackgeber:

- Den anderen fragen, ob er überhaupt Feedback haben möchte.

- Beschreiben, wie das Verhalten des Anderen auf einen wirkt und was es auslöst.

- Nicht bewerten und auch nicht interpretieren sowie Verurteilungen vermeiden.

- Ich-Botschaften äußern, Du-Botschaften vermeiden.

- Negative UND positive Wahrnehmungen äußern.

- Nur so viel Rückmeldung geben, wie der andere auch bereit ist anzunehmen.

- Konkret bleiben und Verallgemeinerungen mit Bezug auf die ganze Person vermeiden.

- Eventuell konstruktive Alternativen aufzeigen und erläutern.

- Klare Unterscheidung zwischen objektiven Fakten („ich habe bemerkt, dass du in dieser Woche dreimal nach 09:00 Uhr zur Arbeit erschienen bist") und einer subjektiven Interpretation („Du bist so unzuverlässig")

- Rückmeldungen zeitnah geben und nicht „Rabattmarken sammeln" für eine spätere „Abrechnung".

- Eigene Ziele klar äußern und auch als solche kennzeichnen.

- Die passende Zeit und den passenden Ort wählen.

- Die Vertraulichkeit wahren.

Regeln für den Feedbacknehmer:

- Den Feedbackgeber ausreden lassen.

- Zuhören, zuhören, zuhören und sich nicht rechtfertigen oder verteidigen.

- Eventuell Verständnisfragen stellen.

- Für die offene Rückmeldung und ggf. Überwindung bedanken.

- sich das Nützliche des Feedbacks heraussuchen, nicht Nützliches „ziehen lassen".

- Dem Feedbackgeber seinerseits eine Rückmeldung geben und sagen, was das Feedback bewirkt hat.

Der vierte und letzte Quadrant wird als das „SCHWARZE LOCH" bezeichnet. In diesem Feld werden Vorgänge erfasst, die weder einem selbst noch anderen bekannt sind.

Hier geht es um Aspekte, die in der Tiefenpsychologie als „unbewusst" bezeichnet werden. Wenn ein Mensch durch Feedback die Chance bekommt, zu wissen, wie er wahrgenommen wird, so hat es unter anderem die Konsequenz, dass er das Verhalten seiner Mitmenschen besser versteht, und dass er sein Verhalten korrigieren sowie der Situation angepasster reagieren kann. Zu den produktiven Gesprächsmustern gehört es ebenfalls, die Sprache BEWUSST ZU NUTZEN zum Beispiel indem wir auf Ich – und Du Botschaften achten.

Es ist ein wesentlicher Unterschied, wenn ich sage: „ ICH empfinde es als unprofessionell, wenn jemand unvorbereitet in einer Sitzung erscheint" ,oder „SIE verhalten sich unprofessionell, wenn Sie unvorbereitet in einer Sitzung erscheinen."

Wir verwenden im Alltag Botschaften, mit denen wir verallgemeinern (man, wir, es) oder projizieren (du).

MAN – BOTSCHAFTEN, setzen Normen, ohne die Gründe zu nennen; sie dienen als Ausflüchte und wirken als Killer für eine prägnante und lebendige Kommunikation.

WIR – BOTSCHAFTEN, suggerieren Gemeinsamkeiten, die eventuell gar nicht existieren; sie wirken vereinnahmend und schieben einem etwas unter; sie verwischen die Absicht und die Verantwortlichkeit; sie rufen Anpassung oder Widerstand hervor.

DU – BOTSCHAFTEN werden leicht als bedrängend oder fordernd erlebt; sie werden oft als Ratschläge oder Zuschreibungen empfunden und sie provozieren Verteidigungen. Bei solchen Botschaften kann der Schwerpunkt auf der Abwertung des anderen liegen. Sie ermöglichen uns, die eigene Befindlichkeit zu verbergen und davon abzulenken, wie es uns wirklich geht.

Der Gesprächspartner wird sich verteidigen, zum Gegenangriff übergehen oder sich zurückziehen. Aus diesem Grund empfiehlt es sich aus der persönlichen Perspektive zu sprechen. Durch die Verwendung von ICH – BOTSCHAFTEN übernehmen wir Verantwortung für das eigene Erleben und geben einen Teil unserer persönlichen Wahrnehmungen und Empfindungen darüber preis, was wir aufgrund des Verhaltens fühlen oder wie es uns dabei geht.

ICH –BOTSCHAFTEN sind oft kalkulierbar und erhalten eigene Störungen und Gefühle; sie öffnen die Tür zur

Erziehungsebene und sind konfrontierend, ohne anzugreifen; sie schaffen Betroffenheit bei dem Gesprächspartner und machen Vorschläge bzw. Angebote für ein konstruktives Gespräch. Zur bewussten Sprache gehört es auch, dass wir klar, deutlich und unmissverständlich miteinander sprechen.
Die klare Sprache ist gekennzeichnet durch EINFACHHEIT, also kurze und einfache Sätze, sowie geläufige Wörter und Redewendungen.

Weiterhin durch GLIEDERUNG und ORDNUNG, nämlich übersichtliche und folgerichtige Argumentation, gefolgt von KÜRZE und PRÄGNANZ, sich demnach auf das Wesentliche zu konzentrieren – am Thema dranbleiben und nicht abzuschweifen. Zum Schluss erreichen wir durch eine direkte Anrede, lebensnahe Beispiele und Vergleiche eine ZUSÄTZLICHE POSITIVE STIMULANZ.

Missverständnisse haben, noch vor allen Feinheiten der Kommunikationspsychologie, also auch mit der Verständlichkeit der Sprache zu tun. Natürlich sind auch die Fragetechniken ein wesentlicher Bestandteil einer zielführenden Kommunikation. Indem wir Fragen stellen, versuchen wir Zusammenhänge zu verstehen und uns Wissen anzueignen. Fragen erzeugen ein wahres Interesse am Gesprächspartner, außerdem gilt „wer fragt, der führt".
Bei der Fragetechnik geht es darum „gut" zu fragen, das heißt mit den richtigen Fragen den Dialog produktiv zu gestalten, um diplomatisch die eigenen Ziele zu erreichen. Um Unklarheiten zu vermeiden, sollte viel gefragt werden.

Besser als das Aufstellen von Vermutungen ist es, konkret nachzufragen, denn dann sind wir weniger auf die eigenen Interpretationen angewiesen und können das Verständnis füreinander verbessern. Andererseits können zu viele Fragen beim Gesprächspartner auch Unsicherheit und Widerstand auslösen, was allerdings leicht vermieden werden kann, indem man die Fragenzielsetzung einfach begründet. Es gibt geschlossene Fragen auf die man nur mit „ja" oder „nein" antworten kann und die berühmten offenen W-Fragen (was, warum, wieviel, welche, wozu).

Die offene Frage sollte gestellt werden, wenn wir mehr Informationen wünschen oder beim Antwortenden ein Nachdenken erzeugen wollen. Wir alle kennen die Fragearten: Alternativfragen, Erlaubnisfragen, Kontrollfragen, Suggestivfragen, Provokationsfragen, rhetorische Fragen, Fang- bzw. Killerfragen und Gegenfragen. Ich möchte allerdings mehr auf die folgenden Fragetypen eingehen, die besonders für eine konstruktive Gesprächsatmosphäre sorgen:

KONKRETISIERUNGSFRAGEN: Sie können bei nichts-bringenden und Verallgemeinerungen sowie Unterstellungen das Gespräch versachlichen. Bei Konkretisierungsfragen wechselt man von einer allgemeinen, abstrakten ebene auf eine konkrete, spezifische Ebene. Z.B. „Jeder in unserer Firma weiß doch, …" – „wer ist jeder?"

ZIEL – BZW: LÖSUNGSORIENTIERTE FRAGEN Durch solche Fragen konzentrieren sich die Gesprächsteilnehmer stärker auf die positiven Aspekte der Zukunft als bei problemorientierten Fragen. Das Gespräch wird in eine positive Richtung gelenkt. Beispiel: „Wie könnte es gehen?", „Was für Möglichkeiten brauchst Du um XY zu erreichen?", „Wie sieht das Ziel bzw. die Lösung aus Deiner Sicht aus?", „Woran machst Du das fest, dass du dein Ziel erreicht hast?"

METAKOMMUNIKATIVE FRAGEN Metakommunikation ist die Kommunikation über die Kommunikation. Solche Fragen helfen, um Störungen anzusprechen. Z.B. „Ich habe den Eindruck, dass dieses Thema für dich weniger wichtig ist, stimmt´s?"

ZUSAMMENFASSENDE FRAGEN Damit kann ich klären, ob ich mein Gegenüber richtig verstanden habe bzw. ob alle Informationen richtig angekommen sind. Es werden die Worte des Gesprächspartners in eigenen Worten wiederholt und durch eine Frage das Verständnis sichergestellt. Z.B. „Habe ich dich richtig verstanden, dass…" Oder „Du meinst also, dass…"

HYPOTETISCHE FRAGEN bzw. WUNDER FRAGEN Hypothetische Fragen dienen der Entwicklung neuer Ideen, der Eröffnung neuer Blickwinkel und Lösungen. Scheinbar Unmögliches wird durch eine Frage denkbar gemacht. Zusammenhänge werden in einen ungewohnten Kontext gebracht. Z.B. „Was wäre anders, wenn das Problem über Nacht plötzlich verschwunden wäre?", „Angenommen du verhieltest dich ab sofort kooperativ, wie würden die anderen reagieren?" Wie immer ist auch hier weniger mehr, denn zu viele Fragen können wie ein Verhör wirken und zu Unsicherheit und Widerstand beim Gesprächspartner führen.

Um dies zu vermeiden sind folgende Regeln hilfreich:

- Stell nur eine Frage auf einmal

- Formuliere die Frage kurz und eindeutig

- Erkläre warum du die Frage stellst

- Nimm die Antwort nicht vorweg

- Gib dem Befragten ausreichend Zeit zum Nachdenken und zum Antworten

- Interpretiere und bewerte die Antworten vorsichtig und wertschätzend

Überhaupt stelle ich in der heutigen Gesellschaft fest, dass viele eine negative Sprache verwenden.

Es fängt schon bei der Erziehung an „Pass auf, dass du das Glas nicht fallen lässt, Peter" oder im Büro sagt der Vorgesetzte zu seiner Mitarbeiterin: „Mach ja nicht wieder den gleichen Fehler!"
Wir verwenden diese negativen Äußerungen genauso oft, wie wir sie selbst zu hören bekommen.
Allerdings kennt unsere Wahrnehmung keine Verneinung. Unser Gehirn kennt das Wort „nicht" nicht und ignoriert es.
Versuch mal nicht an den Kölner Dom zu denken. Sofort schießt uns das Bild des Kölner Domes in den Kopf. Bei der Verwendung von negativen Formulierungen wird das Unterbewusstsein angesprochen, welches dafür sorgt, dass genau der zu vermeinende Zustand eintritt.

Man nennt es auch die SELBSTERFÜLLENDE PROPHEZEIUNG. So wird sich die Mutter bestätigt fühlen, wenn das Glas dann tatsächlich zu Boden fällt. Was also tun? Es einfach bewusst versuchen positiv auszudrücken. „Halte das Glas bitte mit beiden Händen fest" und anstatt zu sagen wie die Mitarbeiterin es nicht machen soll, einfach sagen was man von ihr erwartet.

Auch ich habe es bewusst geübt, bis ich meine Sprache dahingehend verändert habe, Dinge dauerhaft positiv zu formulieren. Viele Menschen haben es leider verlernt, den Ereignissen die positiven Aspekte abzugewinnen. Es gibt auch verschiedene Wörter, deren Gebrauch zwangsläufig beim Kommunikationspartner das innere Ausfahren der Krallen oder gar eine völlige Blockade auslösen.

Hierzu zählen die sogenannten „SELBSTMORDWÖRTER" oder auch „WEICH-MACHER" genannt. Es sind unnötige Worthülsen und Konjunktive, die getroffene Aussagen verwässern und den Gesprächspartner verunsichern. Dies sind Z.B: eigentlich, könnte, sollte, müsste, eventuell. Diese Wörter sollen nicht generell aus dem Wortschatz gestrichen werden, sondern, wenn überhaupt, mit Bedacht gebraucht werden.

Neben der bewusst gewählten Sprache kommt auch dem Zuhören eine bedeutende Rolle zu. Es werden vier Arten des Zuhörens unterschieden:

„JA ICH VERSTEHE, ABER…"– ZUHÖREN:
Wenn wir genau darauf achten, dann hören wir diese Aussage mit einer ABER – Endung sehr häufig.

Im engeren Sinne handelt es sich hierbei nicht, um eine Art des Zuhörens, sondern um den Auftakt zum eigenen sprechen. Das Gehörte ist nur der Auslöser um die eigenen Erfahrungen und Einfälle bezüglich des Gehörten zu schildern. Ob das Gehörte verstanden wurde, wird nicht überprüft.

Körperlich beginnt dieses Zuhören meistens mit einem tiefen Luftholen und sich Aufrichten des Zuhörenden, Floskeln wie „Ich versteh dich und meine…" kommen um zu kaschieren, dass man dem anderen das Wort nimmt.

Gott hat uns aber einen Mund und zwei Ohren gegeben, und es ist ratsam, es auch in dem Mengenverhältnis zu nutzen.

AUFNEHMENDES ZUHÖREN : Dies ist die klassische Form des Zuhörens, bei der die eigene Aufmerksamkeit auf den Gesprächspartner gerichtet wird. Der Zuhörer selbst schweigt zunächst. Echtes Schweigen meint dabei das Unterlassen nonverbaler Kommentare z.B. durch eine wertende Mimik, innere Ungeduld oder schlichtem Desinteresse.

Blickkontakt, Kopfnicken etc. können dem Sprecher dagegen Aufmerksamkeit vermitteln. Auch hier kommt es aber noch zu keinen Rückmeldungsschleifen zwischen Sprecher und Hörer.

UMSCHREIBENDES ZUHÖREN : Hier wird das Gehörte zur Rückversicherung, ob man das Gesagte annähernd im Sinne des Sprechers verstanden hat, in kurzen, zusammenfassenden und eigenen Worten wiedergeben.

Dieses Umschreiben des Gehörten ist schwieriger als man zunächst meint. Es geht in der Wirkung über die reine Wiederholung des Gesagten hinaus. Der Sprecher erfährt dabei, ob das Wesentliche seiner Aussage vom Gegenüber aufgenommen und verstanden wurde. Er kann korrigierend und präzisierend weitersprechen. Erst durch diese Art des Zuhörens enthält das Gespräch eine persönliche Tiefe und die für das gegenseitige Verständnis unabdingbaren Rückmeldungsschleifen.

AKTIVES ZUHÖREN : Beim Aktiven zuhören wird vom Zuhörendem nicht nur wahrgenommen, was sein Gegenüber sagt, sondern wie er es sagt und wie er sich mit Mimik und Gestik dabei verhält. Es geht nicht nur um das Verstehen des Gesagten, sondern darüber hinaus um das Erkennen der Bedeutung des Gesagten für den Sprecher. Insbesondere persönliche Anliegen, Wünsche, Bedürfnisse, Gefühle und Einschätzungen drücken wir häufig nicht direkt aus.
Für einen aufmerksamen, aktiven Zuhörer schwingen sie aber zwischen den Äußerungen „hörbar" mit. „Aktives Zuhören" dient dem Bemühen, sich in die Gefühlswelt des Gegenübers wertungsfrei einzufühlen – was immer ein nur annähernd gelingender Vorgang bleiben wird.
Man schlüpft gleichsam in die Haut seines Gegenübers und versucht, das Gesagte aus seinem Blickwinkel wahrzunehmen.

„Aktives Zuhören" steht aber nicht nur im Dienst des präzisen Verstehens oder sogar einer Diagnose. Es hilft dem Sprechenden auch, angeregt durch das aufmerksame, vertrauensvolle Zuhören, die tiefen Schichten der eigenen Person zu entdecken. Das Eingehen auf die Empfindungen des Gegenübers spielt deswegen beim „aktiven Zuhören" eine entscheidende Rolle.

Fragen im Stillen während des aktiven Zuhörens könnte sein:

- Was empfindet mein Gegenüber momentan?

- Was bedeutet das Gesagte für ihn?

- Welche Interessen bzw. welchen Wunsch drückt er damit aus?

- Welche Empfindungen werden dadurch in mir geweckt?

Das aktive Zuhören kann man verbal und nonverbal mitteilen:

-   Aktive Körperhaltung und aktive Mimik

-   Blickkontakt halten

-   Verstärkendes Kopfnicken. Aber nicht als Technik oder Manipulation

-   Die Gefühle des Gegenübers versuchen zu verstehen und zu spiegeln

-   Pausen aushalten, nicht jede Pause mit sinnlosen Antworten füllen, denn die Pausen können ein Zeichen sein, dass der Sprechende gerade versucht, seine Gefühle zu „orten", um sie ausdrücken zu können

-   auf die eigenen Gefühle achten

-   Motivierendes Feedback und positive Rückmeldung geben

Achtung: Zuhören heißt nicht gutheißen, sondern versuchen zu verstehen!

Zu guter Letzt der Grundlagen der Kommunikation möchte ich die Tipps noch einmal zusammenfassen:

-   Übernehmt die Verantwortung für die individuelle Wahrnehmung

-   Beachtet die verschiedenen Ebenen von Botschaften

-   Bereitet Gespräche vor

-   Prüft die innere Haltung vor und während des Gespräches

- Nutzt die Kräfte des Unterbewusstseins
- Formuliert positiv

- Sorgt für ausreichend Feedback

- Drückt euch verständlich aus

- Hört aktiv zu

- Stellt ausreichend Fragen

- Fragt zur Verbesserung des gegenseitigen Verständnisses aktiv nach

- Achtet auf die Körpersprache und kontrolliert sie

- Verändern fängt immer bei einem selbst an

Und nun das Wichtigste: Die längste Reise beginnt mit dem ersten Schritt und aus Fehlern wird man klug, darum ist einer nicht genug. Ich kann jedem nur anraten, sich bewusst mit der Kommunikation zu beschäftigen und bewusst Verhaltensänderungen auszuprobieren. Unsere Mitarbeiter sind alle diesbezüglich in Seminaren und im Rahmen einer eigenen Akademie geschult worden. Einige haben daraus etwas gemacht und einige nicht. Bei meinen Außendienstmitarbeitern habe ich jedenfalls das Gefühl gehabt, dass sie sich weiterentwickelt haben.

Allein das war für mich ein tolles Gefühl, weil ich einen kleinen Teil dazu beitragen konnte, dass sie bewusster mit sich und anderen umgegangen sind. Ich habe es genossen manche jungen Kollegen zu fördern und zu erleben, wie sie sich positiv weiterentwickelt haben.
Der deutsche Mittelstand hat weltweit eine Vorbildfunktion und viele Unternehmen, wie auch das, in dem ich gearbeitet habe, gelten als ein sogenannter „Hidden Champion".

Sie stellen Nischenprodukte her und sind absolut führend darin. Das einzige Problem, vor dem sie stehen, ist die Unternehmensnachfolge. Und so war es leider auch bei uns. Der Chef hatte zwei Kinder, die in sehr jungen Jahren, völlig unerfahren, führende Positionen im Unternehmen übernommen hatten. Wie gesagt, ich war mit Leib und Seele bei der Sache und habe mich immer so verhalten, als wäre es mein eigenes Unternehmen und versuchte zunächst mit ihnen zusammenzuarbeiten.

Da ich die Familie sehr mochte und respektierte, will ich gar nicht zu sehr ins Detail gehen. Fakt ist aber, dass mir bewusst geworden ist, dass ich unter den neuen Umständen nicht mehr weitermachen konnte und wollte.

Zweitens war ich zudem auch noch völlig ausgelaugt und merkte förmlich wie verheizt ich zum Schluss war. Ein Ereignis in China hat dann auch noch dazu beigetragen, dass ich einen Nervenzusammenbruch erlitten habe, was der berühmte Tropfen war, welcher das Fass zum Überlaufen gebracht hat.

Nach einer hammerharten und langen Tour, bei der es viel um Qualitätsprobleme und andere Schwierigkeiten, die es zu lösen galt ging, saß ich am Flughafen und bestellte mir kurz vor dem Abflug einen letzten Kaffee. Ich bezahlte mit dem chinesischen Hunderter und habe mir nichts dabei gedacht als auf einmal zwei chinesische Polizisten auf mich zukamen, mit dem Schein, den Sie von der Kellnerin bekommen hatten wedelten und in einem katastrophalen Englisch wie wild auf mich einredeten.

Ich bin immer cool und besonnen, aber da ich überhaupt nicht verstanden habe, was sie von mir wollten, stand ich auf und wollte zum Flieger. Einer packte mich am Arm, ich riss mich los und eher ich mich umsah kamen zwei andere dazu und ich lag auf dem Bauch auf dem kleinen runden Tisch und hatte Handschellen auf dem Rücken. Einer von den Vieren konnte englisch und er erklärte mir, dass ich offensichtlich eine perfekt nachgemachte Blüte hatte. Sie checkten meine Geldbörse und alle anderen Hunderter Scheine waren auch gefälscht, was dazu führte, dass ich fast ohnmächtig vor Angst geworden bin. Sie haben mich nun auf so einem Polizeigolfwagen in Ihr Büro gefahren.

Vorbei an der Menschenschlange, die auf den Flieger gewartet und mich voller Entsetzen so angeschaut hat, als wäre ich ein Schwerverbrecher. Ich malte mir schon so einen chinesischen Knast aus und gepaart mit der Müdigkeit bekam ich richtig Panik und einen Schweißausbruch am ganzen Körper. Als hätte mich jemand mit einem Eimer Wasser übergossen. Ich bettelte in dem Büro meinen Agenten anrufen zu dürfen, was ich dann auch tat.

Wir waren ja so lange zusammen unterwegs und irgendwann habe ich ihm Geld vorgestreckt, was er mir dann in den Hunderter Noten zurückgegeben hat. Es war umgerechnet ca. 100 EUR. Erst da fiel mir auf, dass mein Agent so ziemlich alles mit hunderter Noten bezahlt hat. Ich will ihm da nichts unterstellen, aber jetzt hatte ich noch mehr Angst. Ich rief ihn an und erklärte ihm die Situation.

Er bat mich mit dem ranghöchsten Polizisten sprechen zu können, was er dann auch tat. Das Gespräch ging sehr lange mit einigen Pausen dazwischen. Dann legten sie auf und ich solle warten.

Nach ca. 15 Minuten kam ein anderer Polizist in dem Raum, ließ mir die Handschellen abnehmen, gab mir meinen Pass zurück und sagte mir, dass sie das Geld beschlagnahmen, ich aber fliegen dürfe.

Sie brachten mich zum Flieger und ich musste auf der Bordtoilette kotzen. Da ich so nass geschwitzt und noch völlig am Zittern war und anscheinend die Crew wusste, was passiert war, konnte ich in der Businessclass nach Hause fliegen, um die anderen Gäste nicht zu beunruhigen. Später habe ich das ganze ziemlich locker erzählt, aber in Wirklichkeit bin ich gefühlt um zehn Jahre gealtert.

Mein Agent hat geschworen, dass er nichts damit zu tun hatte, mir aber freundlich und bestimmend mitgeteilt, dass letztendlich er mich da rausgeholt habe und ich doch froh sein solle, dass alles so gut gelaufen ist. Na jedenfalls sorgte dieses Zwischenereignis und die Tatsache, dass Blut dicker als Wasser fließt und ich unter den Umständen nicht weitermachen konnte und wollte, für eine erneute Entscheidung. Da auch das Thema der Unternehmensnachfolge beim Chef ein absolutes Tabu war und auch andere Führungskräfte gegangen sind, erinnerte ich mich an eine sehr einfache Regel, die nahezu immer zutrifft: LOVE IT, CHANGE IT or LEAVE IT.

Ich glaubte einfach nicht an die Kinder, und somit war der Job, den ich früher mal geliebt habe, einfach keine große Liebe mehr. Mir war ebenfalls bewusst, dass ich die Situation nicht maßgeblich verändern könnte, also blieb mir nur noch die dritte Option übrig, und zwar zu gehen. Nachdem erst einmal die Entscheidung getroffen war, ging es mir sofort wieder besser.

Strategisch habe ich mich dafür entschieden zunächst in aller Ruhe einen Job zu suchen und dann ganz normal zu kündigen. Mir war klar, dass der Chef mir eine Deadline setzen würde, wenn er von meinen Plänen, das Unternehmen zu verlassen gewusst hätte. Das wiederum hätte mich aber unnötig unter Druck gesetzt. Ein Wechsel zum Wettbewerber wäre umgehend möglich gewesen, noch dazu besser bezahlt.

Das allerdings konnte ich nicht mit meinem Gewissen vereinbaren. In dem Fall gehörte sich das einfach nicht. Ich musste lediglich mein XING und LINKEDIN Profil aktualisieren und mit den richtigen Schlüsselwörtern füttern und ich bekam mindestens 1 Jobangebot pro Woche von Headhuntern aller namhaften Firmen.

Um mich nicht zu verzetteln, sondern den nächsten Karriereschritt langfristig strategisch zu planen, definierte ich einige Punkte, die definitiv gegeben sein müssten. Großes Geld wird überwiegend bei Konzernen verdient, also war das schon mal ein Parameter.

Weiterhin wusste ich nun genau, wie mittelständische Unternehmen funktionieren, aber eben nicht, wie die Konzerne so ticken. Um aber irgendwann mal als Unternehmensberater arbeiten zu können, wäre es sicherlich von Vorteil, auch Erfahrungen in einem Konzern zu haben. Natürlich hatten wir Konzerne in unserer Kundschaft, aber das meine ich mit „Kennen" nicht.

Um die Abläufe zu kennen, kann man es nicht studieren, es lesen oder von anderen hören. Nein, man muss sie ERLEBEN und das geht nur, wenn man tief in die Strukturen eintaucht. Ferner wollte ich definitiv in der Automobilbranche bleiben, weil das die Königsdisziplin ist, aber mir war es wichtig bei der Nr.1 oder aber 2 auf dem jeweiligen Gebiet weiter zu machen.

Das Produkt war mir eigentlich egal, allerdings war es mir wichtig, mich um weltweit aufgestellte Topkunden kümmern zu können. Ehrlich gesagt hatte ich auch keinen Bock mehr auf Personalverantwortung, zumindest nicht mehr für so viele Leute. Nach 3 Jahren als Führungskraft weiß ich, dass ich es nun draufhabe, und letztendlich auch der geborene Leader bin. Wenn ich allerdings einen Posten bekäme, wo all die genannten Punkte erfüllt wären und ich keine direkten Mitarbeiter hätte, dann wäre es OK für mich. Und genau so ein Job wurde mir letztendlich angeboten. Auch hierbei glaube ich nicht an Glück, sondern an die Tatsache, dass wenn man genau weiß, was man will und sich darauf fokussiert, man es letztendlich auch bekommt. Und genau hier an der Stelle tappen sehr viele Menschen in die Falle.

Sie sind unzufrieden und wollen einfach nur weg, ohne sich mit der Gesamtsituation in Bezug auf den nächsten Karriereschritt auseinander zu setzen. Sie bekommen dann meist ein paar Euro mehr und sind so geblendet, dass sie den Verstand ausschalten und bei einem x-beliebigen Unternehmen anfangen.

Die typischen Fehler sind immer die gleichen. Sie richten sich nicht aus, indem sie die Situation analysieren.

Sie beschäftigen sich zu wenig mit dem neuen Unternehmen und dem Markt und wundern sich nach 3 Wochen, warum es ihnen eigentlich noch schlechter geht als zuvor.

Hier trennt sich dann auch die Spreu vom Weizen und nur die Wenigen, die genau diesen Plan haben und ihn umsetzen, werden dann letztendlich auch richtig erfolgreich.

Ein Headhunter hat mich angesprochen und zum Gespräch eingeladen. Aus zig Angeboten habe ich nur zwei tiefer verfolgt und mich darauf zu 100% konzentriert. Will man aus der Masse hervorstechen, so muss man perfekt vorbereitet in solch ein Gespräch gehen. Die Devise lautet lieber 1 Mal top vorbereitet, als 10 Mal unvorbereitet zu den Vorstellungsgesprächen zu gehen.

Ich wusste den Namen des Unternehmens und meiner Gesprächspartner und habe alles gegoogelt sowie mich mit ihnen auseinandergesetzt. Das Unternehmen wurde eine Woche lang komplett studiert, bis ich es genauso oder sogar besser kannte als die Ansprechpartner vor Ort. Ich studierte die Internetseite, um alles über die Produkte, Kunden, Wettbewerber sowie die ZDFs (Zahlen, Daten, Fakten) zu erfahren. Ich habe von einem befreundeten Anwalt prüfen lassen, ob es sich um ein „gesundes" Unternehmen handelt und nutzte sogar eine zufällig in dem Zeitraum stattfindende Messe, um noch mehr in die Tiefe gehen zu können und sich mit den Produkten auseinanderzusetzen.

Bei den Bewerbungsgesprächen habe ich natürlich genau dieses Wissen in Form von pfiffig gestellten Fragen präsentiert und demonstrativ meine Mappe mit all den akkuraten und strukturierten Unterlagen vor mir ausgelegt, um darin zu blättern. Wenn es darum geht in einen Mitarbeiter einen hohen 5-stelligen oder sogar einen 6-stelligen Betrag zu investieren, dann ist klar, dass nur der Beste genommen wird. Und um dazu zu gehören, genügt es nicht, nur die Erfahrung und die nachweisbaren Ergebnisse zu präsentieren. Vielmehr ist genau dieses Vorgehen besonders wichtig, um zu wissen, wo man sich bewirbt und was einen erwartet.

Es gab während des Bewerbungsprozesses immer wieder die gleiche Frage, warum ich denn kein Studium abgeschlossen habe, die ich wiederum stets mit dem gleichen Statement beantwortete:

„Während viele meiner Bekannten Ihre Zeit in der Uni verbrachten, habe ich das beste Studium des Lebens und der Welt genossen, nämlich immer direkt am Kunden und zwar in allen Situationen und Rahmenbedingungen und nebenbei habe ich auch gute Kohle verdient...."

DER KONZERN

Jedenfalls bekam ich den Job eines Key Account Managers OE. OE steht für Original Equipment (Erstausrüstung) und in meinen Fall hatte ich die europäische Verantwortung für den weltweit größten Hersteller im Bereich der Landtechnik, sprich Traktoren, Feldhäcksler, Mähdrescher und Motoren, und einige im Vergleich kleinere Großkunden. Der Internal Sales berichtet direkt an mich.

Das Unternehmen selbst ist ein weltweit führender Anbieter von Filtrationssystemen, welches im Groben in zwei Sparten aufgeteilt ist. Die Industriefiltration, wie die Filtration von Druckluft und Gasen, industrieller Luftfilterung, Luftfilteransaugsysteme für Gassysteme und auf der anderen Seite die Filtertechnik für alles was sich bewegt, aber kein PKW ist, um es einfach zu machen.

Dieser Produktbereich besteht aus Luft-, Hydraulik-, Diesel-, Ölfilter sowie Abgas- und Emissionsanlagen. Im Prinzip läuft es so: wir sind ein sehr großer und komplexer Konzern mit über 40 Produktionswerken, 14.000 Mitarbeitern und die Kunden sind mindestens genauso kompliziert.

Und ich bin der „Kümmerer" dazwischen. Der Key Account Manager verhandelt und schließt Langzeitverträge ab, verantwortet sämtliche Projekte, organisiert, plant und kontrolliert alle Prozesse und Abläufe zwischen den eigenen Werken, Ingenieuren, Entwicklern, Logistikern sowie Qualitäts- und Innendienstmitarbeitern und den entsprechenden Ansprechpartnern des Kunden. Er ist verantwortlich für den Umsatz- und den Profitabilitätswachstum.

Nehmen wir mal an, ein neuer Traktor wird entwickelt und ein Katalogprodukt passt nicht als Luftfilter zu dem Motor, weil der Bauraum begrenzt ist. Dann fahre ich mit dem verantwortlichen Ingenieur in das Werk des Kunden und mache mir ein Bild über das Projekt. Ich sammle alle relevanten Informationen und sorge dafür, dass der Ingenieur technisch, und ich politisch genau verstehe worum es dem Kunden geht. Dann speisen wir alle Informationen in unser System ein und ich erstelle eine 10-minütige Präsentation für das weltweite Management meines Unternehmens.

An einem bestimmten Tag in der Woche stelle ich dann das Projekt dem Management vor und lasse mir genehmigen, dass wir weiter daran arbeiten können. Nachdem das erfolgt ist arbeiten wir einige Konzepte aus und stellen diese dem Kunden vor.

Mein Erfolgsrezept ist, dem Kunden einige leicht modifizierte Standartprodukte und zusätzlich neue Konzepte vorzustellen, damit dieser zwischen „uns" und „uns" wählen kann.

Ein weiterer Erfolgsfaktor ist der enge Kontakt zwischen mir und dem führenden Ingenieur und allen Projektmitgliedern des Kunden bereits in einer sehr frühen Phase. Wir präsentieren bis zum finalen Angebot stets alle paar Wochen die Entwicklungen und wissen genau, wenn wir etwas korrigieren müssen.

111

Das Ganze ist zwar anstrengend und zeitintensiv, führt aber in der Regel zum Erfolg. Wenn wir uns auf die Konzepte festgelegt haben, dann errechnen unsere Kostenexperten die Kosten für die Produkte und für die dafür benötigten Werkzeuginvestitionen. Mit diesen Informationen erstelle ich ein Preisangebot und stelle meine Preisstrategie dem Management vor.

Die nehmen mich dann durch die Mangel, segnen es ab und ich präsentiere dem Kunden das Angebot. In den Projekten selbst sammelt man detailliertes Fachwissen über die Produktspezifikationen. Grundsätzlich investiere ich sehr viel Zeit in Form eines Selbststudiums der eigenen Schulungsunterlagen, um alles, aber auch wirklich alles über die Produkte zu lernen, denn das sehe ich als solide Grundbasis. Ich musste feststellen, dass nicht jeder das so sieht... Neben den vielen Projekten sorge ich auch dafür, dass bei Qualitätsproblemen unsere weltweiten Qualitätsmanager und die Innendienstkundenbetreuer aus dem „Customer Support" und „Customer Service" aus den jeweiligen Werken stets meinen Hauptkunden mit Priorität behandeln und ich alles im groben koordiniere.

Das Wichtigste dabei ist, dass ein direkter Kontakt zwischen allen Parteien besteht, denn es ist doch ganz einfach: kennen und mögen sich die Menschen, dann läuft alles Weitere wie von allein. Das ist der Schlüssel zum Erfolg. Die Frage ist jedoch, wie schaffe ich es, dass sich die Personen in Ihren Verantwortungsbereichen beider Parteien kennen? Nun, ich habe z.B. ein „Qualitätsmeeting" bei dem Kunden organisiert, wo alle unsere Werksleiter, Qualitätsleiter, Customer Service, Customer Support, Supply Chain Manager und Ingenieure aus unseren Werken und Produktgruppen einen Tag bei dem Kunden verbracht haben und deren Gegenüber persönlich kennenlernen konnten.

Nebenbei erhielten sie die Anforderungen aus erster Hand sowie eine Werksführung beim Kunden, wo sie die eigenen Produkte im Einsatz sehen konnten. Natürlich nimmt die Planung und Durchführung viel Zeit und kostet auch einiges, aber sowohl unser als auch das Management des Kunden haben es sofort genehmigt, weil sie genau wussten, dass so eine Veranstaltung eine tatsächlich wahre Win-Win Situation darstellt.

Für mich stellt das Key Account Management die Champions League dar, denn man muss sich in allen wirtschaftlichen und technischen Belangen perfekt auskennen und unheimlich viel interne politische Arbeit leisten. Kurz: Man braucht stets den Durchblick.

Das erste Jahr war sehr hart für mich. Zum einen musste ich mit den Regeln der Konzernstrukturen zurechtkommen, zum anderen hatte mein Chef absolut fragwürdige Verhaltensweisen an den Tag gelegt und wäre ich nicht bereits so erfahren und abgebrüht, dann hätte ich, wie meine Vorgänger zuvor, nach 2 bis 3 Monaten in den Sack gehauen. Was war passiert?

Der Vertriebsleiter, an den ich berichtet habe, hat kurz zuvor die erfahrenen Kollegen nach und nach entlassen und durch neue jüngere ersetzt. Blöderweise ist damit nahezu ca. 100 Jahre an Erfahrung ebenfalls verloren gegangen. Schlussendlich hat er auch noch völlig die Kontrolle verloren. So etwas kommt in Konzernstrukturen schon mal vor.

Politisch habe ich mich an die Amerikaner in der Zentrale gewendet, als ich dort bei der Einarbeitung war, und beschlossen ihnen meine Beobachtungen sowie Befürchtungen zu erläutern. Das hätte auch meinen Kopf kosten können, allerdings ist es in dem Fall gut gegangen, ich wurde respektiert und hatte politische Rückendeckung und Unterstützung aus der Zentrale.

Weiterhin habe ich mich entschlossen, von Anfang an dem Kunden ebenfalls die Wahrheit zu sagen und zu bestätigen was sie ohnehin schon wussten. Ich bestätigte, dass mein Chef die Kontrolle bei sämtlichen Projekten und Themen verloren hat und ich nun die größten Baustellen verstehen und sofort priorisieren und angehen muss. Dieses Vorgehen wiederum wurde ebenfalls respektiert und wir machten uns gemeinsam mit dem Kunden an die Arbeit. Ich hatte also eine schwierige Situation, weil mein Chef mich nicht gerade liebte und nahezu alle meine Kunden, inklusive meiner größten Gruppe absolut unzufrieden mit uns waren. Also stürzte ich mich in die Arbeit, überzeugte durch Leistung und hatte keine andere Wahl, als mich explosionsartig zu entwickeln indem ich die Produkte, Strukturen, Prozesse sowie die interne Politik rasant aufsog.

Das Positive bei den Amerikanern, vom vertriebstechnischen Standpunkt aus gesehen, ist deren bestimmte und sehr professionelle Vorgehensweise. Ich glaube tatsächlich daran, dass sie verkäuferisch und analytisch viel weiter sind als die Deutschen.

Wir hatten einen führenden Unternehmensberater beauftragt, uns weiter zu entwickeln und anhand eines Beispiels möchte ich erläutern was ich unter professioneller Vorgehensweise meine.

Nehmen wir mal an ich möchte mich bei einem Großkunden zum absoluten Hauptlieferanten entwickeln. Blöderweise wollen das alle anderen auch, und alle anderen sind letztendlich in den jeweiligen Produktgruppen mindestens genauso gut wie wir. Zur Enttäuschung aller Vertriebler, kommt diese Situation in nahezu allen Branchen vor, was Fluch und Segen zu gleich ist.

Fluch: weil der Job des Vertrieblers unheimlich komplex und schwierig.

Segen: weil diese Komplexität und Schwierigkeit die einzige Daseinsberechtigung für uns Vertriebler ist, und da es so wenig gute Vertriebler gibt, verdienen die mittelmäßigen Verkäufer gutes Geld und die wenigen „Guten" sehr viel Geld :-)

Da trifft es sich gut, wenn man zu den „Guten" gehört....

Zurück zum Thema: Wir wollen einen Großkunden erobern oder aber bei einem bestehenden Kunden zum Hauptlieferanten mit möglichst allen Produktgruppen werden. Das Problem ist, dass der Verkäufer meistens nur den geschulten Einkäufer, als Hauptansprechpartner hat, der meistens genau das gegenteilige Ziel hat, nämlich das Produkt so günstig wie möglich zu erhalten, während der Verkäufer es so teuer wie möglich verkaufen will.

Natürlich würden beide Seiten umgehend ausschmückend erläutern, dass es nicht so ist, aber wir machen es kurz: genau darum geht´s am Ende. Um von dieser ständigen Preisdiskussion wegzukommen, muss ich es schaffen, meine Kunden von dem Mehrwert zu überzeugen, den ich biete. Den Mehrwert muss ich allerdings, und das ist hierbei entscheidend, dem tatsächlichen ENTSCHEIDUNGSTRÄGER vorstellen. Und in den allermeisten Fällen, ist der EINKÄUFER eben nicht der tatsächliche Entscheider.

Es stellen sich zwei Fragen: Wie komme ich an den tatsächlichen Entscheider, der in der Regel ein Direktor, CEO, oder Geschäftsführer ist und was erzähle ich ihm? Nun dafür muss man zunächst verstehen, was einen CEO denn so tatsächlich interessiert, und was er an einen Lieferanten denn tatsächlich schätzt. Und dabei geht es nicht um die Produktspezifikationen, sondern strategische Entwicklungen und um die Frage, warum denn beide Partner überhaupt zusammenpassen. Und genau das ist das Ziel.

Ein kurzes halbstündiges Meeting indem ich die Kernaussagen kurz und knapp, ohne großen Schnick Schnack präsentieren kann. Weiterhin muss es so prägnant und überzeugend sein, dass es der CEO auch tatsächlich verinnerlicht, dass genau wir der richtige Partner für ihn sind.

In meinem Beispiel habe ich zunächst alle relevanten, strategischen Informationen des Kunden gesammelt. Ich habe sehr gewissenhaft, den Geschäftsbericht studiert und mich dabei auf die Kernaussagen konzentriert:

Einkäufer, Techniker und Entwickler aus sämtlichen Werken, mit denen ich zusammengearbeitet habe, gaben mir auch weitere strategische Informationen…

Das alles diente, um DIE EINE Präsentation auszuarbeiten. Der Schlüssel zum Erfolg liegt darin, den Kunden tatsächlich besser zu kennen als der Kunde sich selbst kennt, und dann den Kunden zu überzeugen, dass wir genau der richtige Businesspartner für ihn sind. Das Besondere an der Präsentation ist, dass wir nicht mit uns selbst anfangen und erzählen wie toll wir sind, was sonst bei anderen Präsentationen Usus ist, sondern dass wir hier mit dem Kunden anfangen.

Die Struktur der Präsentation sowie das Ziel der Präsentation könnte wie folgt sein:

- Bestätigung unseres Verständnisses von ihnen, lieber Kunde

- Vorstellung von uns als strategischer Partner

- Weitere Vorgehensweise

- Agenda:

  - Kundenübersicht:

    - Profil
    - Businessziele
    - Strategie
    - Besonderheiten

- Wir, als geeigneter Businesspartner

- Ihr/Wir als Business Fit

- Die nächsten Schritte

Um den Kunden zu demonstrieren, dass wir ihn gewissenhaft analysiert haben, habe ich dem CEO einleitend gesagt, dass ich mir gerne die Bestätigung meines Verständnisses über ihn einholen möchte.

Zum einen imponiert das dem Kunden, weil er merkt, dass sich tatsächlich jemand mit IHM und SEINEM UNTERNEHMEN auseinandergesetzt hat und sich die Lieferanten nicht wie gewohnt beweihräuchern wie toll, groß, innovativ usw. sie doch sind.

Zum anderen ist er über die professionelle Vorgehensweise positiv überrascht und Gewinner arbeiten gerne mit Gewinnern zusammen. Vor allem, wenn sie sich verstanden fühlen. In der Präsentation selbst ist nur das Logo des Kunden eingebettet und ansonsten nur kurze Stichpunkte ohne Bilder, Animationen oder sonstiges. Am besten sind nur die Stichpunkte auf dem Flipchart, was zur Folge hat, dass nur ich als Person, als Key Account Manager die volle Aufmerksamkeit bekomme.

Wenn beim Profil folgende Schlagwörter stehen:

-	Familienunternehmen

-	Nr. 1 im Bereich A

-	Großes Fahrzeugportfolio im Programm im Agrarsektor

dann lasse ich zu allen Themen selbstsicher das im Vorfeld erarbeitete Wissen nur so herausprudeln.
Bei den Business-Zielen des Kunden habe ich, unter anderem aus dem Lieferantentag, folgende 3 Punkte entnommen und es auch genauso vorgestellt.

Beim Lieferantentag präsentiert die Geschäftsführung die Jahresstrategie und die Anforderungen an die Lieferanten.

-	Sicherung des Geschäftes in Westeuropa

-	Weitere Geschäftsentwicklung in Nordamerika

-	Signifikantes Wachstum in China und Russland.

Die Hauptstrategie versteh ich so:

-	Erweiterung und Vervollständigung des Fahrzeugportfolios.

-	Ausbau und Nutzung des Images als weltweite Nr.1 und somit Marktführer in einer Produktgruppe

-	Ausbau des Werkes in Russland und Aufkauf eines Wettbewerbers in China

Nun, ich weiß, dass der Kunde z.B. Traktoren, Feldhäcksler, Mähdrescher und Anhänger anbietet, aber nun plant er das Sortiment um sogenannte Teleskoplader und Bagger, die auf dem Hof benötigt werden auszubauen.

Weiterhin weiß ich, weil ich es studiert habe, dass der Kunde im Traktorenbereich nur kleine und mittlere Traktoren und nur einen großen Premiumtraktor anbietet, aber ansonsten eine Lücke im Großtraktorenbereich aufweist. Ich weiß, dass diese Lücke geschlossen werden wird, und dafür benötigt man eine besondere Technologie. Ferner weiß ich, dass der Kunde Marktführer im Feldhäckslerbereich ist und dieses Image nun auch Nutzen will, um Marktführer im Mähdrescherbereich zu werden.

Genauso versteh ich, dass das Unternehmen trotz politischen Sanktionen in Russland an der Werkserweiterung festhält und Kapazitäten bereithält, wenn sich die politische Krise wieder legt. Aus Insiderkreisen und unseren eigenen chinesischen Werkskontakten weiß ich, dass das Unternehmen eine Übernahme des chinesischen Herstellers aktuell abwickelt.

Ich lasse mir wiederum mein Verständnis bestätigen und leite zu den, wie ich glaube, aktuellen Business-Ereignissen über. Hier vermute ich folgende 3 Themen, mit denen sich das Unternehmen aktuell beschäftigt:

-   Vielzahl an Motoren
    Das Unternehmen nutzt nahezu alle auf dem Markt verfügbaren Motorenhersteller, was wiederrum dazu führt, dass es eine komplexe Ersatzteilbeschaffung aufrechterhalten muss.

-   Fundamentaler Wechsel im Agrarsektor
    Immer mehr Menschen auf der Erde müssen mit Essen versorgt werden, aber trotz der Urbanisierung wird die zu bewirtschaftete Fläche immer kleiner. Das führt dazu, dass man immer größere und leistungsstärkere Maschinen benötigt.

-   Veränderungen der Organisationsstrukturen der Landwirte
    Die Kundenstrukturen meines Kunden haben sich rasant verändert

So kann man es machen. Eines von vielen Praxis- Beispielen in diesem Buch.

Heutzutage sind die größten Kunden Lohnunternehmer und es ist nicht selten, dass Investmentfirmen mit nur einem Auftrag 100 Mähdrescher im Wert von einer halben Million EUR pro Stück bestellen. Hier sprechen wir bei nur einem Auftrag von einem Umsatzvolumen von fünfzig Millionen EUR.

Stellt sich nun die Frage, wie kann unser Unternehmen dem Kunden als strategische Ressource dienen?

Hierfür habe ich 4 Punkte ausgearbeitet:

-   Innovation
    Auch wir haben als Marktführer einzigartige, patentierte Produkte. Dadurch können wir im Filtrationsbereich kleiner aber dennoch effizienter sein. Bei Neuprojekten kann das genau der Schlüssel zum Erfolg sein.

- Patentgesicherte Produkte sichern auch die Verkäufe im Ersatzteilgeschäft.
  Das Ersatzteilgeschäft ist ein Milliardenbusiness. Wir machen uns Gedanken und entwickeln Konzepte und Lösungen, die dieses Geschäft für den Kunden sichern und steigern.

- Premium Brand
  Auch wir sind mindestens in einem Produkt Weltmarkführer und bekannt auf dem Markt für die beste Qualität. Natürlich sind wir nicht die günstigsten! Allerdings können wir dem Kunden helfen zu erklären, dass unser Produkt für z.B. 50 EUR die Maschine, die bis zu 1 Million EUR kostet schützt und der Endkunde tatsächlich einen Motorschaden riskiert indem er meint 10 EUR sparen zu können.

- Weltweite Präsenz
  Wir sind mit zig Werken auf allen Kontinenten weltweit vertreten. Überall, wo unser Kunde ist bzw. vorhat zu sein, sind wir schon längst vertreten. Durch ein weltweit etabliertes Key Account Management agieren wir in der Entwicklung als Partner und stellen eine sichere und schnelle Kommunikation aufrecht, was ein absoluter Wettbewerbsvorteil ist.

Da wir bereits ein Lieferant sind, verweise ich nun auf die positiven Aspekte der Zusammenarbeit bis dato, bevor ich zum tatsächlichen Hauptthema komme.

- Unser Schwesternwerk ist bereits ein langjähriger Partner und etablierter Lieferant im Bereich Auspuff und Abgasanlagen.

- Wir sind Hauptlieferant in einer unserer Produktgruppen bei dem Traktorenwerk

- Wir sind ein zuverlässiger und etablierter Lieferant bei den Ersatzteilen

Wie bereits erwähnt habe ich nur kurze Stichpunkte auf dem Flipchart bzw. der PowerPoint-Präsentation, und erläutere sehr kurz, knapp und prägnant mein Verständnis, indem ich mich auf das wesentliche konzentriere.

Ein CEO, Geschäftsführer oder Direktor hat grundsätzlich sehr wenig Zeit und braucht kein bla bla, sondern bekommt hier durch diese neuartige Vorgehensweise das präsentiert, was IHN tatsächlich tagtäglich beschäftigt. Das Hauptthema, nämlich das Business Fit verdeutlicht, wie beide Unternehmen zusammenpassen.

In diesem Beispiel könnte es wie folgt aussehen. Da nahezu bei allen Unternehmen Wachstum an erster Stelle steht, liegt der Fokus natürlich darauf:

- Wachstum durch patentgeschützte Produkte
  Dadurch, dass wir den Aufwand betreiben und patentgeschützte Produkte entwickeln, sichern wir die Ersatzteilverkäufe, was wiederum die Steigerung bei dem Kunden sichert

- Rationalisierung der Lieferanten und Fokus auf das Wesentliche.
  Wir haben ein volles Portfolio, selbst wenn wir nicht überall die günstigsten sind, so können wir einen Langzeitvertrag schließen und sicherstellen, dass wir alle Ersatzteile im Filtrationsgeschäft liefern können. Es ist also unnötig, so viele Lieferanten für zum Teil kleine Menge zu verwalten.

- Wachstum durch Innovation
  Für die neuen Maschinen wird es darauf ankommen, die beste Technologie zu verwenden, die der Wettbewerb nachweislich nicht hat. Wir können uns auch bei kleineren Stückzahlen auf die Projekte konzentrieren und den Kunden bestmöglichst bedienen.

Das sind die strategischen Deckungspunkte für die Zukunft, die aus der Adlerperspektive auch definitiv Sinn machen… Was aber nun? Wie geht´s weiter?
Häufig sieht man auf der letzten Seite der Präsentation irgendeinen Handschlag oder eine Danksagung. Was wir wollen ist aber ein Zugeständnis, dass wir der richtige Partner sind und dass die weiteren Schritte mit uns erfolgen werden?
Die Amerikaner sagen dazu „Action Items" oder die „Task & Timeline" So würde beispielsweise meine letzte Seite aussehen:

HEUTE: Bestätigung des Business Fit

HEUTE: Identifikation der wichtigsten Ansprechpartner

FEBRUAR: Termine für technische Präsentationen

APRIL: Grünes Licht für alle Anfragen seitens des Managements

JUNI: Single oder Dual Source Strategie für Motorenfilter

AUGUST: Umsetzung der Projekte zur Dual Source Strategie

NOVEMBER: Etablierung eines weltweiten Key Account Managements

Ich würde den CEO fragen, ob meine Annahmen des Business Fit korrekt sind oder um die ergänzende Sicht des CEO bitten.

Falls der CEO von uns dann als Partner überzeugt ist, würde ich ihm die nächsten konkreten Schritte vorschlagen, da uns bewusst ist, dass nun alle anderen Manager überzeugt werden müssen.

Hierfür wäre es vorteilhaft, wenn der CEO uns empfiehlt und darauf hinweist, dass wir sie mit individuell ausgearbeiteten Präsentationen besuchen. Danach würden wir gerne in einer Art Kundenmesse allen anderen Ingenieuren, Entwicklern, Einkäufern und vielleicht sogar Verkäufern den Mehrwert unserer Produkte vorstellen. Das wären unsere konkreten Wünsche.

Natürlich ist das ein Idealbeispiel und natürlich ist mir klar, dass das nicht immer so funktionieren muss, aber ich finde diesen Ansatz, sich mit dem Kunden und seinen Kunden zu beschäftigen genial. Ich kann es auch nur präsentieren, wenn ich überzeugt davon bin.

Auch hier wiederum hängt es von der Einstellung ab. Es gibt so viele, die anstatt es einfach mal auszuprobieren, um von dem Feedback des Kunden zu lernen, sich schon im Vorfeld zig Argumente parat legen, warum diese Vorgehensweise nicht funktionieren wird:

-       Der Kunde wird überfordert/überrumpelt

-       Er will gar nicht, dass man so viel von ihm weiß

-       Es könnte dem Kunden unangenehm sein

-       Manche wollen das nicht

-       usw...

Wenn jemand so denkt – ja dann wird es natürlich auch nichts.

Aus meiner Erfahrung hat es bis dato nahezu jedes Mal funktioniert und ich habe dadurch die Kontakte zu allen Entscheidern bekommen, die ich bis heute halte.

Es hat einmal nicht funktioniert, weil der Geschäftsführer „den amerikanischen Hokuspokus" nicht mochte und tatsächlich in Bezug auf Informationen reserviert war. Der Unternehmer hat im Übrigen kürzlich sein Unternehmen letztendlich an einen amerikanischen Konzern verkauft.

Ein weiterer, sehr wichtiger Erfolgsfaktor des Key Account Managers ist es, die genaue Übersicht über den Kunden zu haben. In meinem Beispiel habe ich eine Exceltabelle über den produzierenden Fahrzeugbestand jedes einzelnen meiner Kunden. Ich weiß also, welche und wie viele Fahrzeuge er im Jahr produziert. Ich dokumentiere, welche Wettbewerber aus allen Produktbereichen, die wir im Portfolio haben genau pro Fahrzeug verbaut sind und wo genau wir mit unseren Produkten vertreten sind.

Ich weiß, wann die neue sogenannte Plattform wieder entschieden wird, damit ich proaktiv nach der Anfrage nachhaken kann, falls die Ingenieure oder aber die Einkäufer vergessen sollten uns zu berücksichtigen...

Es ist unheimlich schwierig, diese Daten zu bekommen und es ist ein fortlaufender, mühsamer und nie endender Prozess. Diese Übersicht ist aber die Grundlage meiner persönlichen Strategie.

Ich weiß genau, mit welcher Produktgruppe ich welche Marktanteile habe und wo ich ggf. wachsen kann und wo nicht. Somit kann ich meine Arbeit im Vorfeld priorisieren und mich dann auch auf meine Ziele konzentrieren.

Ich laufe nicht, wie viele andere, wie ein Hamster im Rad jedem Projekt und auch jeder fragwürdigen Anweisung meiner Vorgesetzten hinterher, weil diese teilweise keine Markt-, bzw. Wettbewerbskenntnis haben. Vielmehr kann ich ihnen meine persönliche Strategie erklären und sie mit Fakten untermauern.

Fast regelmäßig kommen sie mit neuen Prozessen, Kundenprojekten, und ich erkläre ihnen meine Strategie und schließe mit den Worten ab:

„Ich jongliere nun mit 8 Bällen, während die anderen höchsten 5 schaffen. Wenn ihr mir noch einen weiteren dazu werfen wollt, ist das OK, aber lasst uns dann gemeinsam entscheiden, welchen anderen Ball ich fallen lassen kann, weil 8 Bälle schon Weltrekord sind."

Überhaupt ist es wichtig, wenn einem irgendetwas zu viel wird, NEIN zu sagen.

Um aber NEIN zu sagen, muss man auch erklären können, warum etwas nicht geht. Das ist meiner Meinung nach, der größte Fehler der meisten Arbeitnehmer, dass sie tatsächlich zu wenig NEIN sagen, was dann zur Konsequenz hat, dass sie Burn Out erleiden und irgendwann mal umkippen.

Erst in der Therapie lernen sie dann, dass letztendlich sie es haben mit sich machen lassen und selbst den größten Teil zum Kollaps beigetragen haben. Ein anderer Vorteil der genauen Übersicht ist die Tatsache, dass ich es strategisch nutzen kann.

Wenn ich belegen kann, dass ich beim Kunden ohnehin Lückenbüßer bin, und der Kunde nur bei mir anfragt, weil der Wettbewerb nichts hat, oder aktuell nicht liefern kann, ja dann kann ich das auch mit dem Kunden offen kommunizieren. Ich kann den Preis erhöhen oder dem Kunden helfen, aber dann auch ein Folgegeschäft anfragen. Im Übrigen habe ich festgestellt, wenn ich dem Einkäufer meine Übersichtsliste zeige und ihn offen bitte mich dabei zu unterstützen herauszufinden, welche Wettbewerbsprodukte pro Fahrzeug verbaut sind und wann die Projekte enden, dann hilft er mir auch! Allerdings nur wenn es mir gelingt ihm zu erklären, dass ich ihn nur so optimal bedienen kann.

Nur so kann ich es schaffen, jedes Jahr eine Steigerung im zweistelligen Prozentbereich zu generieren und ja, diese Werkzeuge sind aufwendig, aber sehr professionell. Denn wer in der Champions League spielen will, muss sich auch entsprechend verhalten. Das macht Spaß, es gibt allerdings auch Sachen, die keine große Freuden in Konzernstrukturen bereiten. Ich spreche jetzt nicht über den eigenen Konzern, sondern es ist die Erfahrung aus vielen Vertriebsstammtischen und Gesprächen mit Mitarbeitern, Wettbewerbern und Vertriebskollegen. Ich spreche hier über Verhaltensweisen der KARRIERISTEN, mit denen man leider Gottes immer wieder konfrontiert wird. Als Karrieristen bezeichne ich die Menschen, die unbedingt so schnell wie möglich nach oben kommen wollen, ohne Rücksicht auf Verluste.

Und vor allem haben sie schon gar kein wirkliches Interesse, das eigene Unternehmen nach vorne zu bringen geschweige denn einen Beitrag dazu zu leisten, Arbeitsplätze zu sichern. Sie nutzen eher die Konzernstrukturen, um persönlich am meisten davon zu profitieren.

In den meisten Fällen sind sie sehr stark narzisstisch veranlagt. Nehmen wir mal an, ein normaler Vertriebler möchte zum Abteilungsleiter bzw. Direktor befördert werden. In ihren eigentlichen Aufgabenbereich gehören diese Leute zu den Eifrigsten. Das Allerwichtigste neben den Ergebnissen ist allerdings, dass sie immer wieder auf sich aufmerksam machen. Vor allem in der oberen Etage.

Arbeiten sie abends und am Wochenende, so nutzen sie das Intranet so, dass es auch ja jeder mitbekommt, dass sie abends und am Wochenende arbeiten. Natürlich verschicken sie auch dann die Emails zu den unmöglichsten Zeiten, vor allem wenn es darum geht einen Bericht oder eine Präsentation zu verschicken, bei dem mehrere Manager und die Direktoren in Emailkopie vertreten sind.

In Meetings nutzen sie, um aufzufallen die Sprache der Direktoren wie zum Beispiel: „wir als Team haben 75% der Task & Timeline abgearbeitet und werden uns in den nächsten 2 Wochen auf den Rest fokussieren."

Sie sprechen in Prozenten und loben immer wieder das Team, wobei sie natürlich, nur ganz nebensächlich, sich selbst als Teamleiter auf das Podest stellen wollen. Manchmal ist es so durchschaubar, dass sich die Fußnägel vor Fremdscham hochkrempeln, aber die Selbsterkenntnis-Nervenbahn ist bei diesen Menschen definitiv abgestorben.

Der absolute Klassiker ist dann natürlich die Teilnahme an jedem Arbeitskreis, bei dem Sonderprojekte erarbeitet werden, auch nur mit dem einzigen Ziel, um den Kontakt zu den Direktoren zu bekommen. Sie saugen auch, ohne Rücksicht auf Verluste die internen Ressourcen aus, wie z.B. die Kollegen aus dem Engineering, Einkauf, Marketing und sonstigen Innendienst. Blocken diese, dann wird politisch alles daran gesetzt, diese Blockierer zu vernichten und da die Karrieristen perfekt vernetzt sind, schüren sie Intrigen und werden alles daransetzen, deren Ziel zu erreichen, koste es was es wolle.

Wenn sie dann den Job des Abteilungsleiters bekommen, wird nicht analysiert was gut oder schlecht war, sondern es werden sofort zig Projekte gestartet, um zu zeigen, wie aktiv man ist und was für eine tolle Entscheidung der Direktor mit der eigenen Beförderung getroffen hat.

Die Daseinsberechtigung wird wie ein Feuerwerk herausgeschossen. Es werden unzählige Baustellen aufgerissen und sie verfallen in einen ungeheuren Aktionismus.

Das Problem ist nur, dass keine einzige davon richtig durchdacht und manchmal auch nur im geringstem sinnvoll ist. Aber darum geht es nicht, denn nach einem Jahr oder zwei, nachdem ein riesen Chaos veranstaltet wurde, zieht der Karrierist wieder weiter in eine andere Abteilung, zu einem anderen Unternehmen oder in ein anderes Land - und ist für immer verschwunden.

Die armen Mitarbeiter, die tatsächlich dann an Burn Out erkranken, weil sie absolut unterbesetzt sind und den Hokus-Pokus mitmachen müssen, obwohl sie aus Erfahrung genau wissen, dass es Schwachsinn ist, müssen die Scherben zusammenfegen. Aber keine Angst, denn der nächste Karrierist steht schon mit der Peitsche in der Hand bereit.

Es steckt noch so viel Potenzial in den Unternehmen, wenn sie die eigenen Mitarbeiter ernst nehmen und dieses Spiel mal durchbrechen. Ich muss aber leider zugeben, dass die Manager und Macher der alten Garde, die auch tatsächlich ein wirkliches Interesse am Mitarbeiter haben, einfach nicht mehr nachkommen...

Ich persönlich habe dieses Spiel durchschaut und für mich festgestellt, dass ich auf so eine Art und Weise auf keinen Fall in einem Konzern weiter klettern möchte. Wenn ich Bock darauf hätte, dann wüsste ich genau wie. Aber ich will es einfach nicht, zumal ich in meiner Position gutes Geld verdiene, um ein Leben zu führen, welches sogar ich, als optimistischster Mensch auf diesem Planeten, mir damals nie im Leben auch nur ansatzweise erträumt hätte....

Ein weiterer Nachteil in Konzernstrukturen besteht darin, dass diese in der Regel börsennotiert sind.

Und egal wie schön sie davon sprechen und es vermarkten, dass der Mitarbeiter immer im Mittelpunkt steht, es stimmt einfach nicht. Das was zählt ist die Rendite für die Aktionäre! Die Folgen sind vehement: Rutscht der Umsatz ab, weil beim Kunden des Unternehmens ebenfalls der Umsatz abrutscht, dann wird umgehend reagiert und an der einzigen Stellschraube gedreht, die einen schnellen Effekt auf die Kosten ausübt: Es werden Mitarbeiter entlassen.

Der Manager geht an seine Abteilungsleiter und fordert von jedem eine Zahl und in Wirklichkeit ist es ihm völlig egal wie diese Zahl zu Stande kommt, Hauptsache ist, er bekommt diese. Offiziell heißt es aber natürlich viel schöner: Umstrukturierung. Meistens bekommen die Abteilungsleiter, wenn der Befehl schon mal erfolgt ist, ein paar wenige Tage Zeit, um dann ein paar Namen zu nennen, von denen man sich dann trennt. Auch wenn es zu sehr hohen Abfindungszahlungen führt, und das ist eigentlich der tatsächliche Irrsinn, werden die Mitarbeiter entlassen, denn das Geld ist ja letztlich da.

Abfindungszahlungen werden so bilanziert, dass die Entlassungen sich am Ende tatsächlich positiv auf die Gewinne auswirken und der Aktionär am Ende des Tages glücklich ist. Dieses System ist brutal aber eigentlich doch ziemlich einfach und dagegen zu rebellieren, bringt schon mal gar nichts.

Versucht zu den Besten zu gehören und schafft euch ein weites Netzwerk.

Haltet stets Augen und Ohren offen um, falls es euch tatsächlich erwischt, umgehend Headhunter zu kontaktieren, die Abfindung mitzunehmen und wo anders weiter zu machen.

Man muss damit einfach mittlerweile Leben, dass es keine Sicherheit mehr gibt, so wie es die früher einmal gab. Die Konsequenz ist, dass man alle paar Jahre nun mal wechseln muss. Wer das einmal verinnerlicht und sich damit abgefunden hat, kann damit auch ganz gut leben.

Und letztlich ist es ganz einfach: ab einer bestimmten Position wird man in einem Konzern dafür auch tatsächlich sehr gut entlohnt. Ich bin immer wieder erstaunt, wie naiv manche Arbeitnehmer in Konzernstrukturen aber auch in Familienunternehmen tatsächlich sind. Wenn ich mich mit den durchschnittlichen Arbeitnehmern, egal in welcher Branche unterhalte, dann erwecken sie tatsächlich den Eindruck bei mir, dass sie in einem karitativen Verein tätig sind.

Und leider verhalten sie sich auch entsprechend. Es ist erstaunlich, mit welchem Bewusstsein sie jeden Tag zur Arbeit fahren. Dabei ist es doch in beiden Fällen so einfach:

Die Unternehmer wollen Ihre Unternehmen entwickeln, um Kohle zu verdienen, und Manager börsennotierter Konzerne wollen auch so viel Kohle wie möglich verdienen, zusätzlich die Aktienkurse nach oben drücken und letztendlich die Aktionäre glücklich machen.

Beide Varianten haben ihre Vor- und Nachteile. Die Familienunternehmen werden meist von einem Patriarchen geführt, der gottesähnlich durch die Reihen schreitet, alles zu wissen scheint und zu allem irgendetwas sagen kann.

Der Vorteil in solch einem Unternehmen ist die Tatsache, dass man von solch einem Patriarchen sehr viel direkt lernen kann. Dieses Wissen wirst du auf einer Uni niemals erlangen, da der Praxisbezug und die Erfahrungen fehlen.

Sie entscheiden schnell und setzen das, was entschieden wurde, auch sehr schnell um. Wenn eine Strategie mal schiefgeht, dann wird eben gegenkorrigiert und etwas anderes ausprobiert. Auch sind die Funktionen vielschichtiger: ein Vertriebsleiter ist gleichzeitig Marketingexperte, Fuhrparkmanager, Ausbildungsleiter, Pressesprecher und manchmal auch Einkäufer.

Und ein leitender Ingenieur erstellt Zeichnungen, ist Qualitätsleiter, Versandmitarbeiter, Sicherheitsbeauftragter und manchmal sogar auch Vertriebler und Einkäufer in einem. Man sammelt einen riesigen Erfahrungsschatz und bekommt eine absolute Allrounder-Ausbildung, weil man tatsächlich irgendwie alles macht. Wenn man Lust darauf hat, dann ist es richtig geil und man kann eine Menge schnell bewegen. Weiterhin haben meine Erfahrungen mir bestätigt, dass die Unternehmer tatsächlich ein Interesse an Ihren Mitarbeitern und deren Entwicklung haben.

In der Regel sind sie auch mit Leib und Seele bei der Sache. Die Nachteile sind, dass sie genau bei diesen Entscheidungen aus dem Bauch heraus, so manches Mal völlig danebenliegen, so dass sie das ganze Unternehmen schnell ins Wackeln bringen können. Manchmal sind die Unternehmer auch ziemlich sprunghaft.

Das größte Problem allerdings ist die Tatsache, dass sie von Ihrem Mitarbeiter den gleichen Einsatz erwarten, den sie selbst leisten. Sie können es einfach nicht verstehen, dass manche Mitarbeiter sich tatsächlich erdreisten die 8 Stunden als Tausch gegen den Lohn einzusetzen und dann ist es aber auch gut.
Ein weiterer wesentlicher Punkt, der in Deutschland unter den sogenannten Hidden Champions nennenswert ist, ist die Problematik der Unternehmensnachfolge. In vielen Fällen haben die Kinder nicht die Fähigkeit, oder sie haben schlicht und einfach keinen Bock.
Die Alternative ist, dass das Unternehmen an einen Investor veräußert wird, und dann gelten quasi Konzernvorgehensweisen, die das Unternehmen völlig auf den Kopf stellen. Ein Investor will meist die Braut schön machen, um sie dann an den nächsten Höchstbietenden loszuwerden.
Nur ein paar wenige hochbezahlte Manager und Karrieristen, die sich austoben wollen (die nennen es aber dann Erfahrungen sammeln), werden sehr viel Geld dabei verdienen, während die anderen fleißigen Bienchen bis zur Erschöpfung fürs gleiche Gehalt ackern, um quasi den Arbeitsplatz erhalten zu können. Und ja, vielleicht werden sie es auch - bis der nächste Investor kommt und sie sich dann wieder aufs Neue beweisen müssen, bis sie irgendwann mal umkippen. Nicht, dass wir uns hier falsch verstehen, mein Mitleid hält sich hier in Grenzen.
Deutschland ist ein freies Land und jeder hat die Möglichkeit sich weiter zu entwickeln, in sich zu investieren und letztendlich auch politisch aktiv werden und auch mal NEIN sagen. Manche MACHEN und manche lassen es auch MIT SICH MACHEN. Finde ich das gut? NEIN. Aber wen interessiert schon wie ich das ganze finde?

Während also die kleinen mittelständischen Unternehmen wie ein Sportboot schnell und wendig agieren, stellen die Konzerne eher einen riesigen Tanker dar. Schwer, mächtig, aber langsam.

Alles ist sehr durchstrukturiert und der einzige Ablauf, der nicht genau in einer Prozessbeschreibung definiert ist, ist der Gang zur Toilette. Zu allem anderen, übrigens auch zum Rauchen, steht irgendwo eine Arbeitsanweisung.
Es gibt für alles irgendwelche Funktionen und Leute mit Teams, die an irgendetwas arbeiten.

Größtenteils sind diese sehr gut ausgebildet und die meisten wissen tatsächlich, wovon sie sprechen. Es scheint auf den ersten Blick sehr professionell zu sein. Man bekommt zu allem und jeden Zugang und es ist alles, was man irgendwie braucht, auch vorhanden. Man muss sich da nur selbst durchwurschteln.

Das Allerwichtigste ist, das Organigramm und die Strukturen zu verstehen, herauszufinden, wer tatsächlich die Fäden in der Hand hält, wer in den jeweiligen Abteilungen, Werken und sonst welchen internen Dienstleistern tatsächlich was zu sagen und zu entscheiden hat. Man muss intern unheimlich viel Politik betreiben, um nicht unter die Räder zu kommen.

Die persönliche Bindung zu den internen Stellen ist entscheidend. Nur derjenige, der mit den anderen Abteilungsleitern und deren Mitarbeitern klarkommt, gewinnt am Ende.

Der Schlüssel zum Erfolg ist eigentlich so einfach bei den Konzernen.

Ich würde jeden neuen Mitarbeiter in jede Abteilung für ein paar Tage reinsetzen, so dass dieser die Möglichkeit hat, die Personen kennenzulernen und sich selbst einarbeiten kann. Ja das dauert vielleicht einen Monat, aber danach hat man einen guten Überblick über die Abläufe und Mechanismen und wenn man z.B. als Vertriebsmitarbeiter die Abläufe kennt, dann kann man es auch viel besser dem Kunden erklären, warum manches so lange dauert.

Hier wird aber auch zu viel vom Unternehmen erwartet. Was spricht dagegen, es als Mitarbeiter am Anfang zu fordern, jede Abteilung für einen Tag zu besuchen. Im Prinzip braucht man nur die Namen und Telefonnummern und dann kann es losgehen. Ich habe die Erfahrung gemacht, dass die Mitarbeiter genau diese Vorgehensweise schätzen, dass sich jemand genau für ihre Abteilung und die Prozesse interessiert. Die Mitarbeiter können dann auch genau sagen, was sie erwarten, aber auch, was sie alles bieten können. Der Nachteil neben den zuvor erwähnten Karrieristen ist, dass Entscheidungen unheimlich lange brauchen. Es wird ein Arbeitskreis gegründet, es wird debattiert, sich im Kreis gedreht, getagt und dann wird irgendwann mal etwas nach oben vorgestellt, was dann wiederum sehr lange unangetastet liegt.

Nur um dann aufgrund von anderen, ach so wichtigen Prioritäten, schlicht und einfach vergessen zu werden. Alle anderen Nachteile habe ich bereits im vorherigen Abschnitt erwähnt. Eine weitere, nicht unerhebliche Komponente die für einen Konzern sprechen kann, ist die Tatsache, dass man hier generell mehr verdient. Wer aber glaubt, dass es ein Unternehmen gibt, egal ob klein oder groß, bei dem die Prozesse alle stimmen und die Vorgesetzten alle erfahren sind, dann glaubt er auch dass Zitronenfalter Zitronen falten.

Kurz: das einzige Unternehmen oder eine Institution, bei der alle Prozesse glatt eingehalten werden, ist die Bundeswehr mit dem System Befehl und Gehorsam.

Bei allen anderen herrscht immer ein gewisses Chaos. Es überleben und empfinden einen gewissen Spaß bei der Arbeit nur diejenigen, die das Chaos irgendwie akzeptieren, die mit sich selbst und dem Unternehmen, sowie der Situation beschäftigen, und genau wissen, was sie wollen. Zugegeben, das erfordert ein selbstanalytisches Verständnis und gewisse Fähigkeiten, aber auch hier geht es darum, sich mit sich selbst zu beschäftigen und in sich selbst zu investieren. Da geht in Form von Seminaren oder Büchern.

DAS PRIVATE GLÜCK

Wenn man die Rahmenbedingung und grundsätzlichen Strukturen und Verhaltensmuster kennt, wenn man quasi das Bewusstsein für gewisse Situationen schärft, dann ist es auch einfach mit ihnen umzugehen. Es liegt also stets an uns selbst, und wenn man dann tatsächlich feststellt, dass es nicht mehr geht, ja dann geht man einfach.

Ich habe diese Biografie geschrieben, um meine Sicht auf KARRIERE, KOMMUNIKATION, VERTRIEB, FÜHRUNG und EIGENMOTIVATION zu beschreiben.

Natürlich ist es mir klar, dass jeder Mensch unterschiedlich ist und jeder so seine Auffassung von den Dingen hat. Dennoch kann sich jeder, ähnlich wie in einem Bauchladen, hier und da etwas rausnehmen.
Meine Familie ist nach Deutschland gekommen und ich habe mir Schritt für Schritt ein Leben erschaffen, von dem ich früher nur geträumt habe.
Auf dem Weg hierhin hatte ich immer wieder ein paar entscheidende Impulse, die letztendlich immer wieder eine weitere Lawine ausgelöst haben. Mein Wunsch ist, dass ich auch für andere ein solcher Impuls sein kann. Ich habe unzählige Freunde, Bekannte und Kollegen in Ihrer Karriereplanung beraten und unterstützt, einfach weil es mir Spaß macht. Es ist einfach schön zu sehen wie erfolgreich diese nach nur ein paar Treffen wurden. Ich liebe Deutschland, ich liebe Europa und ich liebe Menschen und glaube in allgemeinen an sie.
Ja, nicht alles läuft glatt, und ja, wir sind aktuell in einem enormen Wandel, aber insgesamt vergessen die meisten Menschen einfach, wie gut es Ihnen geht. Wer will und wer hart arbeitet kann definitiv ein sehr gutes Leben in Deutschland führen.

Ich habe die ganze Welt privat und beruflich bereist und habe jedes Mal durchgeatmet, wenn ich zu Hause ankam. Man kann jammern und sich darüber aufregen, dass die Regierung schon wieder irgendetwas falsch gemacht hat, oder aber man kriegt den Arsch hoch und tut etwas. Das gilt auch für das private Umfeld.
Wir sind gesund. Wir haben ein tolles Haus, 2 schöne Autos, wir sind 4 Mal im Jahr im Urlaub und können das Leben wirklich genießen. Ich weiß, viele denken, darüber redet man nicht, aber ich halte es für Blödsinn.
Wenn jemand hart arbeitet, dann kann er doch glücklich und stolz auf sein Erreichtes sein. In den USA bekommt man ein Kompliment, wenn man aus einem Ferrari steigt und wird vielleicht nach seinem Erfolgsrezept gefragt. In Deutschland wird man als arrogant abgestempelt.
Ich hoffe, dass die Gesellschaft sich in dem Bereich auch weiterentwickelt. Ich habe wunderbare Freundschaften, die ich sehr schätze.
Obwohl wir alles hatten, fing unser Leben an uns zu langweilen und wir waren phasenweise unglücklich, weil es uns über viele Jahre vergönnt war, ein Baby zu

128

bekommen. Wir haben dann aber auch gekämpft und wirklich alles unternommen und letztendlich hat es mit etwas Nachhilfe geklappt. Wir haben uns einfach nicht damit abgefunden, sondern haben so lange gekämpft bis es geklappt hat. Auch, wenn es zeitweise wirklich sehr, sehr schwer war.

Natürlich hatten wir auch Glück. Aber, und das ist genau das, was ich hiermit sagen will, man kann manchmal sein Glück tatsächlich erzwingen.

Nur auch hier wiederum: MAN MUSS ETWAS TUN!

Nun ist unsere kleine Tochter das größte Glück auf Erden für uns. Die Kleine hat wiederum unser ganzes Leben auf den Kopf gestellt. Bevor ich selbst ein Kind hatte, hatte ich für jeden einen tollen Erziehungstipp, und natürlich dachte ich, es wird sich doch gaaaaar nichts verändern und man könnte alles irgendwie organisieren. Oh man NEIN - dem war natürlich nicht so und ich muss immer wieder über meine Naivität lachen. Fakt ist, dass sich tatsächlich sehr vieles verändert hat, die Freundschaften, die Beziehung, die Familie. Und ja, es ist normal und ja, es ist auch gut so. Aus tiefster innerer Überzeugung kann ich nun sagen, dass das Kind mein Leben mit Abstand am meisten bereichert hat. Es ist so schön zu sehen wie sie sich entwickelt und es ist so schön diese unbändige Liebe zu erfahren und zu geben.

Am spannendsten finde ich aber Ihre Entwicklungsschritte und wie sie immer wieder etwas Neues lernt. Es ist interessant zu beobachten, wie sich das soziale Umfeld verändert und sich irgendwie alles wieder neu orientiert.

Es ist so ein tolles neues Abenteuer und ich bin der glücklichste Mensch auf Erden, dass ich das erfahren darf. Wir haben tatsächlich sehr vieles in unserer Hand. Heutzutage hat man die Möglichkeit, kostenlos an Informationen zu kommen.

Anstatt sich über egal welches Thema aufzuregen und sinnlos und populistisch zu unterhalten, könnte man sich mit der Ursache beschäftigen, mit der Historie, mit den Zusammenhängen, mit den unterschiedlichen Strategien.

Man kann unterschiedliche Informationsquellen nutzen, um Fakten zu schaffen.

Das alleine hilft schon, sein Bewusstsein zu verändern - stattdessen aber nutzen die meisten Menschen die bekannten Social Media Kanäle, bei denen nur die Informationen auf einen einprasseln die ohnehin auf den eigenen geistigen Horizont abgestimmt sind. Sie leben in Ihrer eigenen Filterblase – und werden auch niemals dort herauskommen, weil sie Ihren Geist nicht erweitern und etwas aus sich machen wollen.

So bekommen diese Menschen die Wahrnehmung, dass alles furchtbar ist und die Welt bald untergeht.

Die besten Dinge im Leben sind kostenlos. Das heißt aber trotzdem nicht, dass sie einem einfach so in den Schoß fallen. Man muss eine Menge Zeit, Schweiß und Durchhaltevermögen investieren, um sie zu erhalten.

Erfolg ist kein Glück – das stimmt.

Das gilt vor allem für das Erlernen von neuen Fähigkeiten. Aber gerade hier kann es sich lohnen, viel Zeit und Energie zu investieren. Denn viele hart erarbeiteten Kenntnisse und Fähigkeiten zahlen sich ein Leben lang aus.

Ich liebe meine Familie, meine Freunde und ehrlich gesagt auch meinen Job. Und ich werde oft nach irgendwelchen Geheimrezepten gefragt. Da jeder Mensch unterschiedlich ist, halte ich nichts von:

„Ihr müsst die 10 Dinge tun um erfolgreich zu sein".

Aber ich möchte ein paar Punkte erwähnen, die mir Wichtig sind und mir zum Erfolg verholfen haben:

SPASS & HUMOR:
Ich liebe es zu lachen und ich liebe Komik. Ich kann auch hervorragend über mich selbst lachen. Keine Ahnung, warum manche Menschen sich und alles andere so ernst nehmen. Ich versuche stets irgendetwas lustiges zu sagen oder zu machen. Sicherlich gehe ich manchen auf die Nerven damit, aber was soll´s.

ZEIT:
Es ist Schwachsinn, wenn jemand sagt, dass er keine Zeit für irgendetwas hat. Andere Sachen sind ihm einfach wichtiger, und er setzt die Prioritäten anders. Ich gehe dienstags immer Badminton und freitags Fußball spielen. Ich liebe diese Sportarten und nehme mir die Zeit dafür, egal was kommt… Es ist wichtig, um auch den Kopf frei zu bekommen.

Ich setze mir im Jahr 3-4 Termine mit meinen Jungs zum Segeln oder Snowboarden, um einfach mal die Festplatte zu löschen, dummes Zeug zu erzählen und meine Batterie so wieder aufzutanken.

FOKUS:
Wenn ich eine Sache mache, beruflich oder privat, dann konzentriere ich mich voll darauf und versuche mich nicht abzulenken bzw. ablenken zu lassen. Natürlich gelingt das nicht immer, aber in der Regel klappt´s. Wenn ich mit meiner Tochter spiele, dann voll und ganz, und wenn ich in eine Präsentation erstelle, dann blocke ich mir die Zeit und erstelle die Präsentation, ohne nebenbei meine Emails zu lesen oder sonst irgendetwas zu tun. Auf meinem Schreibtisch liegt nichts, was mich ablenken könnte und ich meine auch wirklich nichts. Ich benutze auch kein Papier oder irgendwelche anderen Dokumente, außer die auf meinem Laptop. Auf dem Laptop habe ich zig Unterordner, und alles Wichtige wird nach Themen sortiert und abgeheftet. Sachen an denen ich arbeite finde ich auf dem Desktop. Alles was ich nicht brauche wird gnadenlos weggeschmissen oder gelöscht.

NEIN SAGEN UND HILFE EINFORDERN – MELDEN MACHT FREI:

Ich versuche immer jedem zu helfen und für alle da zu sein, aber wenn ich merke, dass etwas zu viel wird, oder dass ich es nicht schaffe, dann sage ich es einfach und erkläre, warum etwas nicht geht.

Viele arbeiten an etwas und sind von vorn herein frustriert, verzetteln sich und liefern mittelmäßige Erfolge ab. Dabei ist es doch so einfach: wenn etwas zu viel wird dann muss man auch mal NEIN sagen und es erklären, sowie gegebenenfalls Hilfe einholen. Wenn man es proaktiv macht, dann fühlen sich diejenigen, die Hilfe leisten, auch noch wichtig und gebraucht. Besser geht es doch nicht.

Bei der Bundeswehr gab es einen schönen Spruch, den ich verinnerlicht und später beherzigt habe und zwar: „Melden macht frei". Was auch immer beruflich passiert und wenn es auch nur den Anschein hat, dass es komisch oder brenzlich sein könnte, berichtet man seinen Vorgesetzten.

Ich bin nicht dafür da, um alle Probleme zu lösen.

ENTSPANNUNG:

Man kann nicht immer nur powern. Chillen ist wichtig. Energietanken in welcher Form auch immer, ist wichtig. Wenn ich im Büro bin gehe ich immer nach dem Mittagessen 20 Minuten spazieren und dehne mich dabei.
Wenn ich reise, dann immer so, dass ich die Saunalandschaft genieße und etwas Sport treiben kann. Manchmal ist es einfach unabdingbar 14 Stunden, oder mal ein ganzes Wochenende zu arbeiten. Das ist OK, wenn ich mir dafür einen Ausgleich schaffe und dann Sachen nachgehe, die mir und meiner Familie guttun. Und wenn alles zu viel wird, dann richte ich mich schleunigst aus und korrigiere es

Ich bin dafür verantwortlich, dass Sondersituationen zu keinem Dauerzustand werden!

EMPATHIE / MITGEFÜHL:

Ich interessiere mich einfach tatsächlich für Menschen und ich versuche mich in sie hinein zu versetzen. Hier habe ich allerdings keine Ahnung wie man das erlernen kann…

Ich weiß nur eins, und zwar, dass man der talentierteste und brillanteste Mensch sein kann, aber das alles zu nichts führt, wenn man sich nicht um Andere sorgt bzw. kein wahrhaftiges Mitgefühl entwickeln kann.

BESTÄNDIG SEIN – DURCHHALTEN:

Beständigkeit und Durchhaltevermögen sind der Schlüssel zum Erfolg. Ich habe so viele Kollegen gesehen, die einfach zu schnell aufgegeben haben und auch tausend Gründe dafür hatten. Wiederum andere haben hart gearbeitet, um an die Spitze zu kommen, haben aber vergessen, dass man umso härter arbeiten muss, um an der Spitze zu bleiben.

Das Leben ist ein Dauerlauf und ich richte mich regelmäßig neu aus und manchmal muss man auch einfach die Arschbacken zusammenkneifen und durch…. Wenn man nicht gerade reich geboren wurde, dann muss man stets Gas geben.
Die Zeit, in der man schnell und einfach viel Geld verdienen kann ist vorbei und eine Illusion.

POSITIV SEIN:

Ich habe mir in den vielen Jahren ein sehr starkes Selbstbewusstsein aufgebaut. Mich juckt es wirklich nicht die Bohne was andere über mich denken. Irgendwie sehe ich immer alles Positiv, und auch wenn ich mal so richtig einen auf die Fresse bekommen habe, dann dachte ich mir:

OK – das war ja mal ´ne Erfahrung. Bei mir ist das Glas immer halb voll! Und wenn nur ein Tropfen drin ist, dann wird es halt bald halb voll sein.

MUND HALTEN UND ZUHÖREN:

Das ist meine persönlich größte Herausforderung, weil ich einfach so gern rede :-). Tatsächlich habe ich hier lange an mir gearbeitet, einfach mal eine Frage zu stellen und AUSZUHALTEN was passiert. Versuchen zu verstehen, sich Zeit nehmen und nicht sofort antworten, verteidigen oder angreifen.

Ein sehr wichtiger Punkt, der in den meisten Diskussionen von vielen Menschen nicht eingehalten wird. Noch während das Gegenüber etwas erzählt, formuliert man schon im Kopf die Antwort. Ein weiterer Punkt hierbei ist, dass es manchmal wahrhaftig besser ist das Maul zu halten.

PLANUNG UND DURCHFÜHRUNG – EINFACH TUN:

Beruflich plane ich jeden Tag, was einfacher ist als man glaubt. Ich setze mir im Outlook die Themen, die ich abarbeiten will und arbeite sie ab. Komme was wolle, ich gehe auch nicht immer ans Telefon, wenn ich vertieft in eine Arbeit bin. Wenn es wichtig ist, kann man mir auf die Mailbox sprechen, wenn nicht, dann war es nicht wichtig.

Ich plane auch eine Große Aktion pro Jahr. In einem Jahr habe ich:

- Den Segelschein gemacht,

- Snowboard-fahren gelernt,

- Meine Zähne sanieren lassen.

In einem anderen Jahr habe ich eine Kontaktlinse in mein Auge implantieren lassen und wieder in einem Jahr habe ich das Essen umgestellt, wieder regelmäßig Sport gemacht und 18 Kilo abgenommen.
Und letztens, habe ich einfach angefangen ein Buch zu schreiben ... das hier ist das Ergebnis.

Jetzt bist Du am Start: Mache etwas aus Deinem Leben/Deinem Business und/oder Deiner Neuausrichtung. Dieses Wissen hier ist eine Waffe. Du kannst Dich verändern- jeden Tag. Du kannst gestalten und etwas neues aufbauen – jeden Tag. Du kannst Dich ändern und Niederlagen gehören zum Erfolg dazu. Dein größter Fehler kann der Schlüssel und der beste Schachzug für Dein Leben sein. Stelle jetzt Deine Figur auf- und spiele mit! Jeder Tag ist Tag eins.

In diesem Sinne bedanke ich mich für Deine Aufmerksamkeit und Deine Geduld, mein Buch; mein Werk bis zum Ende gelesen zu haben.

Ich wünsche mir, dass Dir meine Geschichten und Erfahrungen etwas für Deinen Lebensweg mitgegeben haben – und dann geh in die Umsetzung. Nur Machern werden Denkmäler gebaut.

Ich würde mich riesig über ein Feedback freuen. Schreib mir einfach eine Nachricht an kontakt@robertfoit.coach was Du hier für Dich entdeckt, verwirklicht und realisiert hast.

Du kannst mich auch auf meiner Homepage www.robertfoit.coach besuchen und Dir die Bildergalerie zu meiner Biografie anschauen. Auch kannst Du dort ein Karrierehandbuch mit weiteren Strategien passend zu meiner Biografie erhalten. Ich freue mich auf Deinen Besuch.

Weiterhin Vielen Dank und viel Erfolg auf Deinem Weg,

Dein Robert Foit

MIX

Papier | Fördert
gute Waldnutzung

FSC® C083411

Zeitfracht Medien GmbH
Ferdinand-Jühlke-Straße 7
99095 Erfurt, Deutschland
produktsicherheit@kolibri360.de